CHARTRES ET SA RÉGION

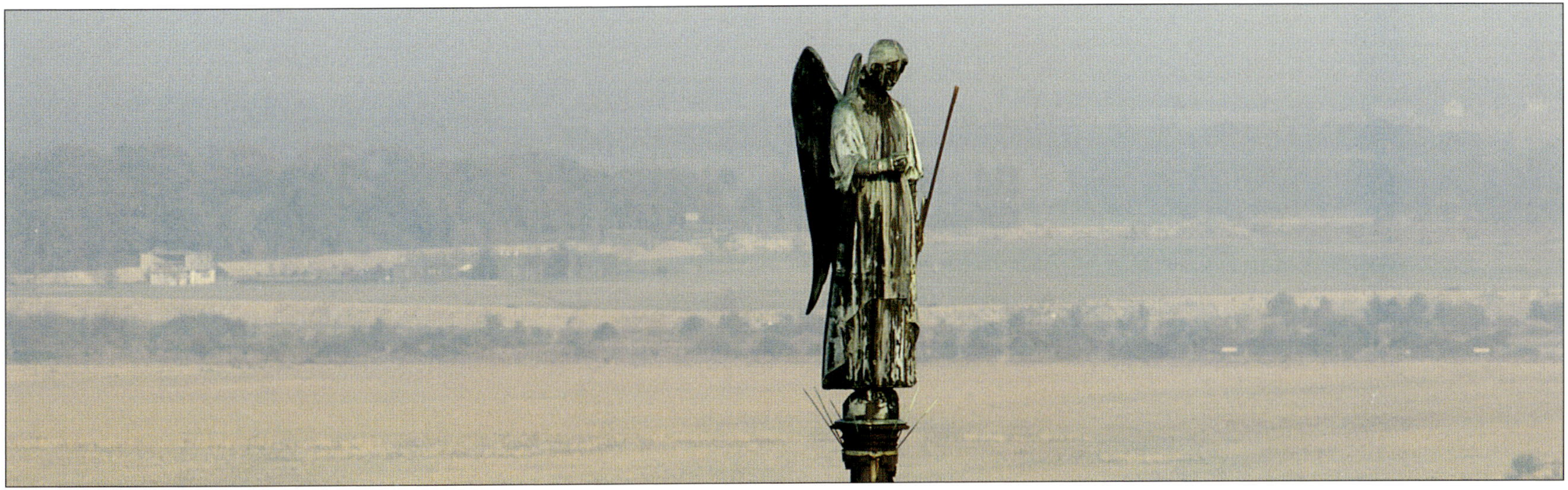

14/1, rue de Paris, 7500 Tournai (Belgique).
www.larenaissancedulivre.com
ISBN : 2-8046-0773-9.

La Renaissance du Livre
Michel De Paepe Éditeur

Collection ***L'Esprit des lieux***

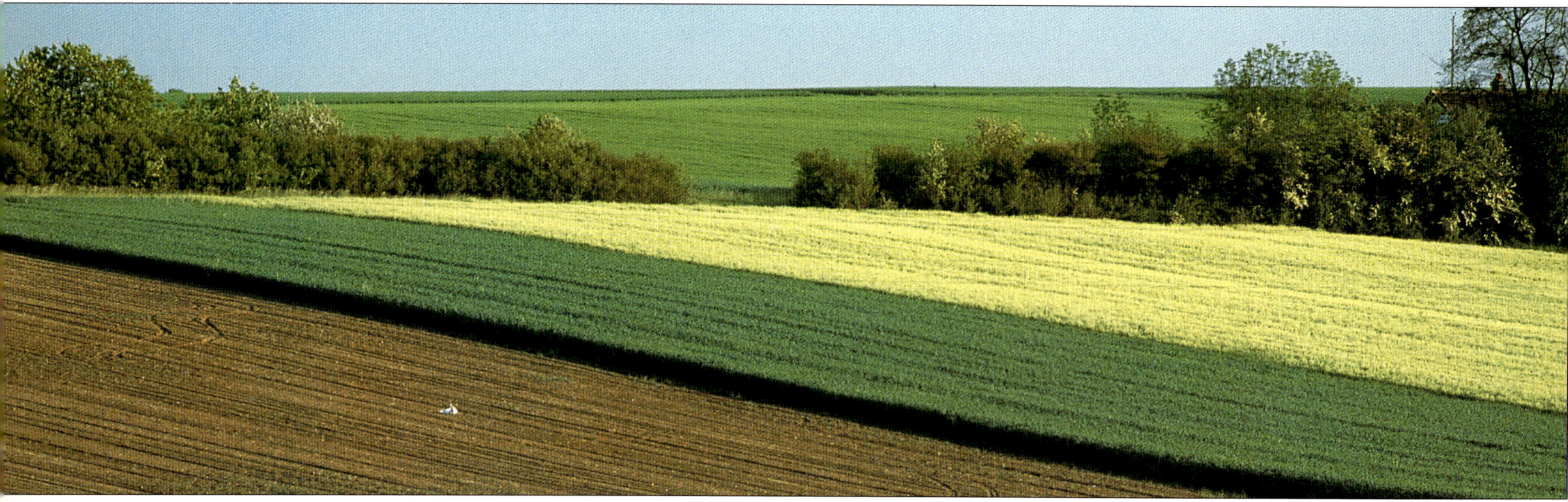

Texte **Dominique Desforges** • Photographies **Catherine Bibollet**

Couverture : cathédrale de Chartres, le clocher sud et la ville haute.
Dos de couverture : plaine de la Beauce, champs après la moisson.
Page 1 : cathédrale de Chartres, l'ange du bras sud du transept.
Ci-dessus : plaine de la Beauce, champs de céréales au printemps.
À droite : Chartres, vieux pont sur l'Eure dans la ville basse.

CHARTRES ET SA RÉGION

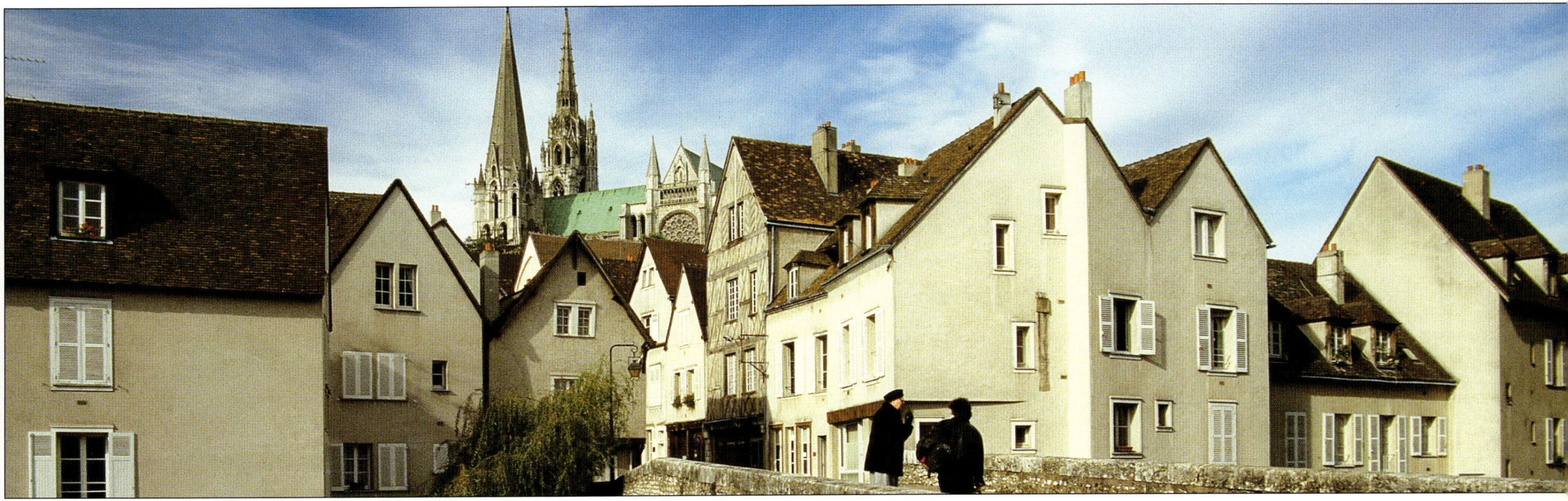

LA RENAISSANCE DU LIVRE

Chartres, 10

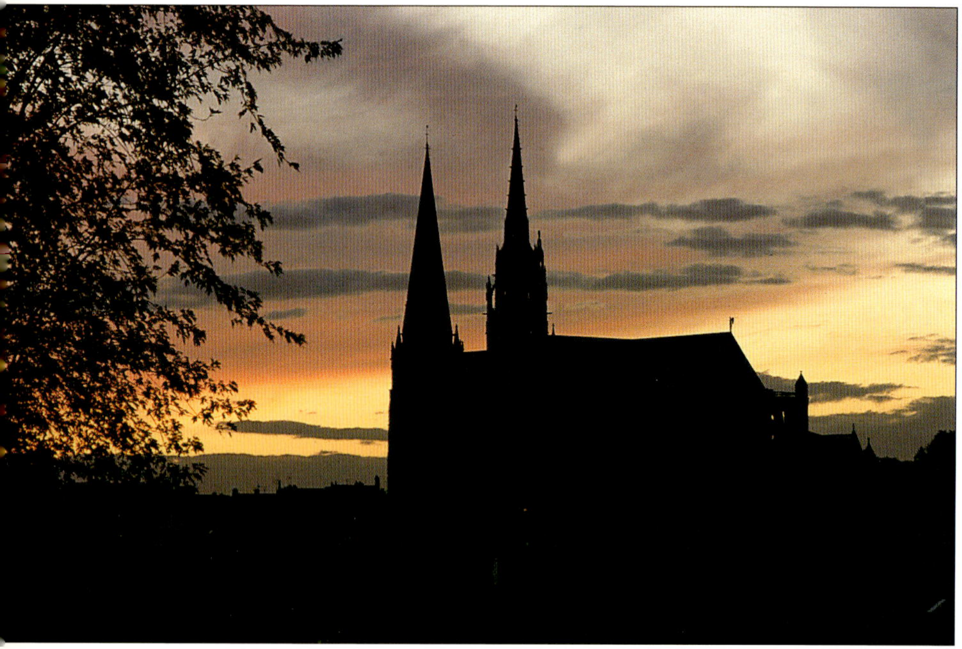

Les bords de l'Eure (14), la cathédrale (18), le portail royal (24), la nef (30), le chœur (32), les vitraux (34), la vieille ville (42), la maison Picassiette (44), le pâté de Chartres (46).

La Beauce, 48

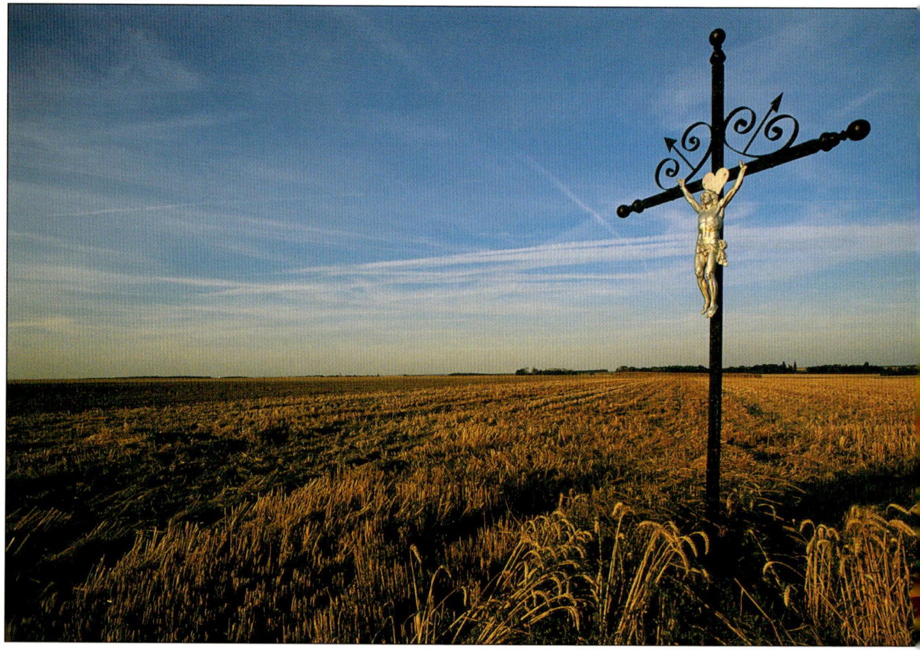

Paysages de la Beauce (52), les moulins à vent (54).

La vallée de l'Eure, 56

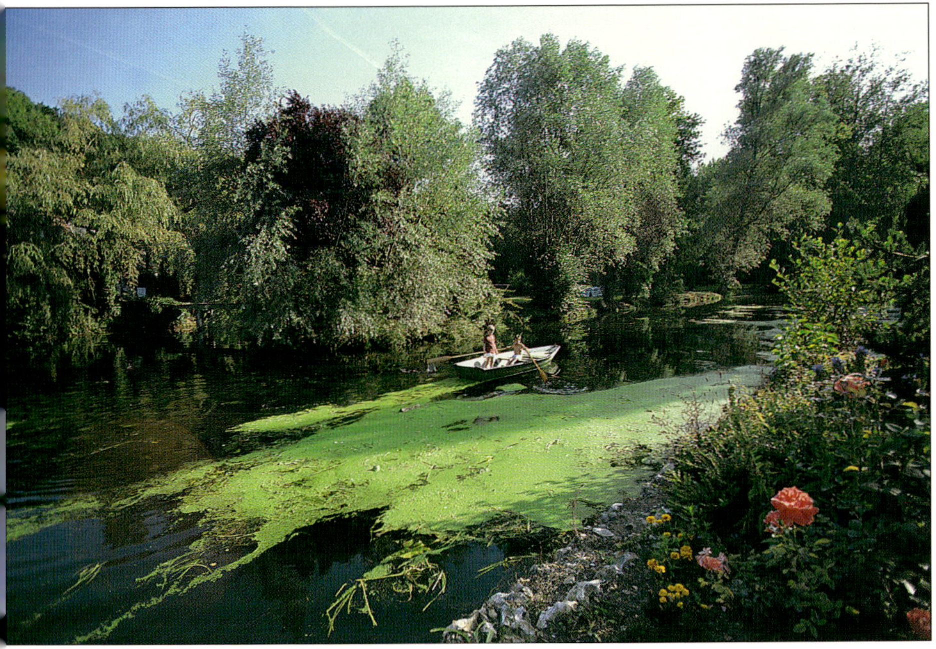

Saint-Prest (60), Gallardon (62), Maintenon (66), Épernon (72), Nogent-le-Roi (74), Dreux (76), Anet (82).

La haute vallée du Loir, 88

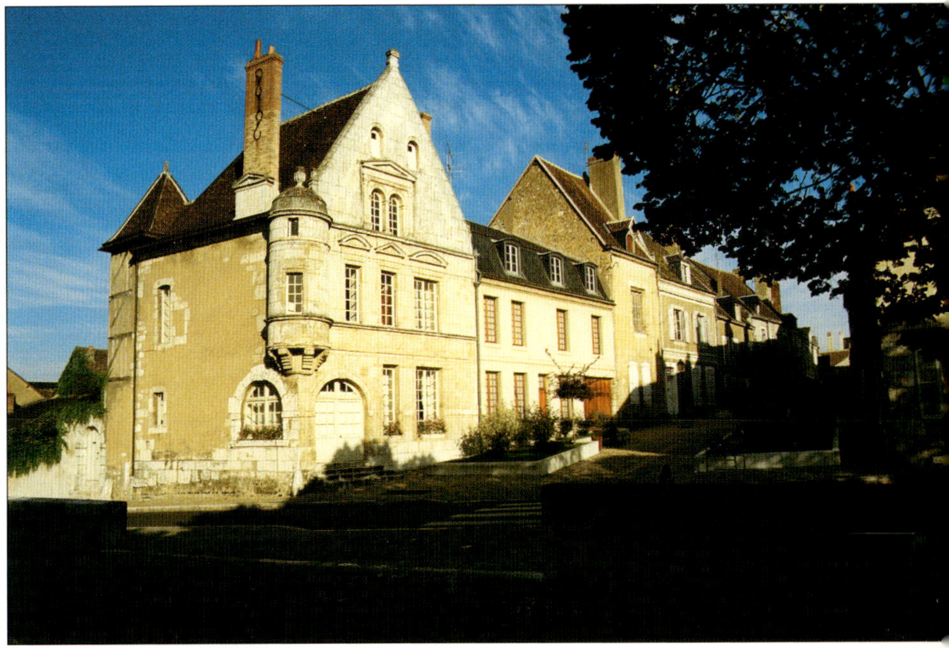

Illiers-Combray (92), Brou (94), Dangeau (96), Bonneval (98), Châteaudun (100).

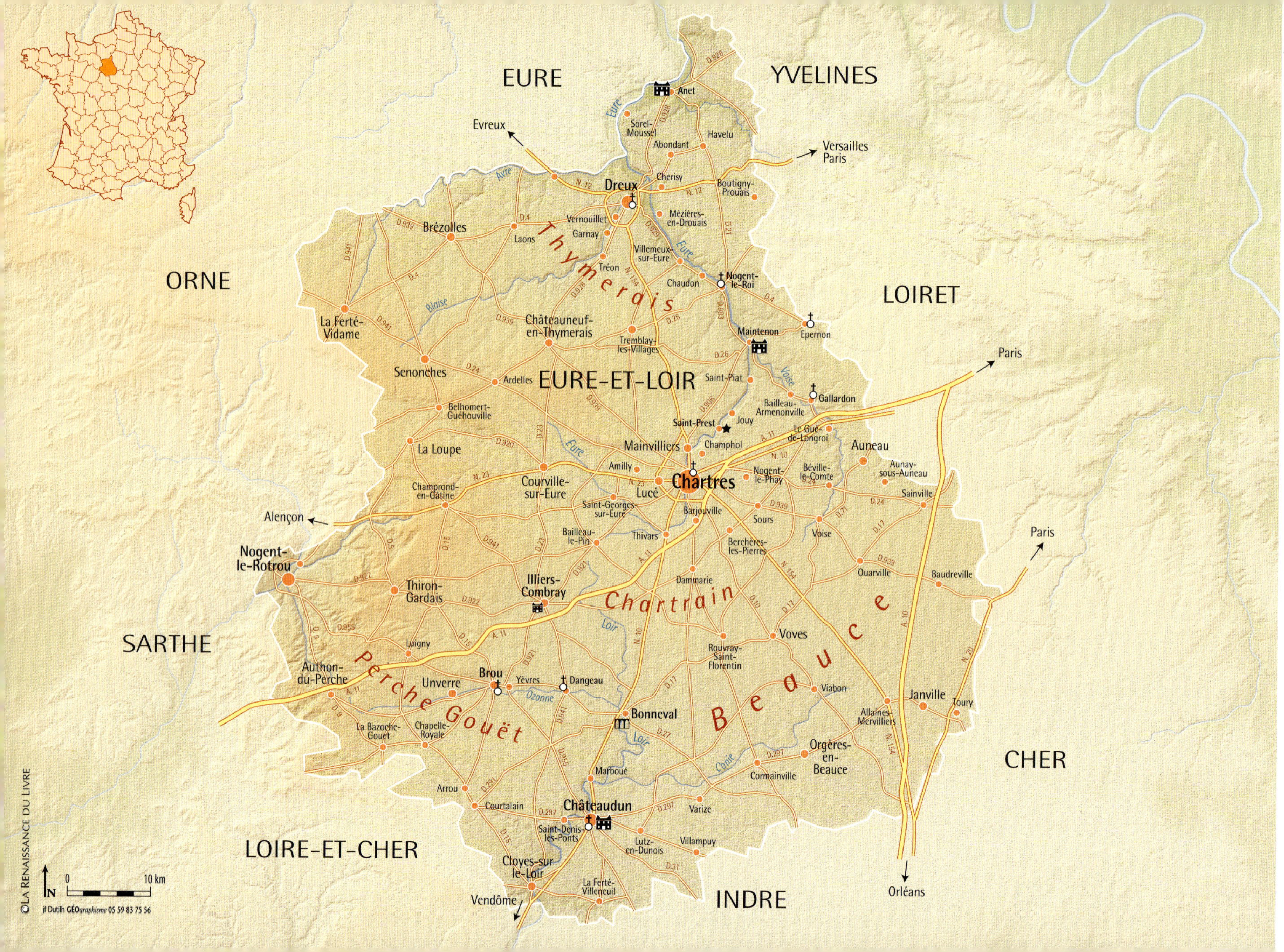
EURE
YVELINES
ORNE
LOIRET
SARTHE
CHER
LOIRE-ET-CHER
INDRE
EURE-ET-LOIR
Thymerais
Chartrain
Perche Gouët
Beauce
Anet
Sorel-Moussel
Abondant
Havelu
Evreux
Versailles
Paris
Dreux
Cherisy
Boutigny-Prouais
Brézolles
Vernouillet
Garnay
Mézières-en-Drouais
Laons
Villemeux-sur-Eure
Tréon
Nogent-le-Roi
Chaudon
La Ferté-Vidame
Châteauneuf-en-Thymerais
Tremblay-les-Villages
Epernon
Maintenon
Senonches
Ardelles
Saint-Piat
Gallardon
Belhomert-Guéhouville
Bailleau-Armenonville
Saint-Prest
Jouy
La Loupe
Mainvilliers
Champhol
Le Gué-de-Longroi
Auneau
Amilly
Aunay-sous-Auneau
Champrond-en-Gâtine
Courville-sur-Eure
Chartres
Nogent-le-Phaye
Béville-le-Comte
Lucé
Sainville
Saint-Georges-sur-Eure
Barjouville
Alençon
Sours
Bailleau-le-Pin
Thivars
Berchères-les-Pierres
Voise
Nogent-le-Rotrou
Illiers-Combray
Dammarie
Ouarville
Baudreville
Thiron-Gardais
Voves
Luigny
Rouvray-Saint-Florentin
Authon-du-Perche
Brou
Unverre
Yèvres
Dangeau
Viabon
Janville
Toury
Bonneval
Allaines-Mervilliers
La Bazoche-Gouet
Chapelle-Royale
Orgères-en-Beauce
Marboué
Cormainville
Arrou
Courtalain
Châteaudun
Varize
Saint-Denis-les-Ponts
Lutz-en-Dunois
Villampuy
Cloyes-sur-le-Loir
La Ferté-Villeneuil
Vendôme
Orléans
Eure
Avre
Blaise
Voise
Loir
Ozanne
Conie
0
10 km
N
jf Dutilh GÉOgraphisme 05 59 83 75 56

Chartres, la plaine de la Beauce,
les vallées de l'Eure, du Loir et de leurs affluents
scellent l'union du ciel, de la terre et de l'eau.

Ciel de Chartres révélé par la cathédrale
aux hautes flèches tutoyant les cieux,
et au bleu des vitraux transfigurant la lumière.

Terre de la plaine de Beauce,
grenier à blé de la France,
à l'épais manteau de limon,
et aux fiers moulins à vent.

Eaux de l'Eure et du Loir
se jetant l'une dans la Seine et l'autre dans la Loire.
Eaux de la Vivonne nées des souvenirs d'enfance
de Marcel Proust.

Haut lieu druidique de l'Antiquité, Chartres est devenue au Moyen Âge un haut lieu du culte marial, ce qui a permis, grâce aux dons des pèlerins, d'y élever l'un des chefs-d'œuvre architecturaux de la chrétienté. La ville est indissociable de sa cathédrale dont les hautes flèches, surgissant de la vallée de l'Eure, sont visibles depuis la plaine de la Beauce. Chartres est aussi une cité dynamique de 40 000 habitants sise au cœur d'une agglomération de 90 000 habitants. Elle fait désormais partie prenante du grand Bassin parisien et a attiré, depuis les années 1950, un nombre impressionnant d'entreprises.

I. CHARTRES

Capitale des Carnutes, Autrikon est à l'époque celtique un important centre religieux pour les druides qu'elle accueille chaque année à l'occasion d'une assemblée générale. Devenue Autricum à l'époque gallo-romaine, elle se développe autour du forum et le long des berges de l'Eure, puis perd son caractère urbain vers le milieu du IVe siècle. Une cité épiscopale se constitue alors autour de la cathédrale au milieu de petits villages indépendants les uns des autres. Suite aux invasions répétées des Normands et à la mise à sac de la ville en 858, les Chartrains édifient les premiers remparts. L'évêque Gantelme parvient même, en 911, à résister aux troupes du chef normand Rollon. Selon un récit du XIIe

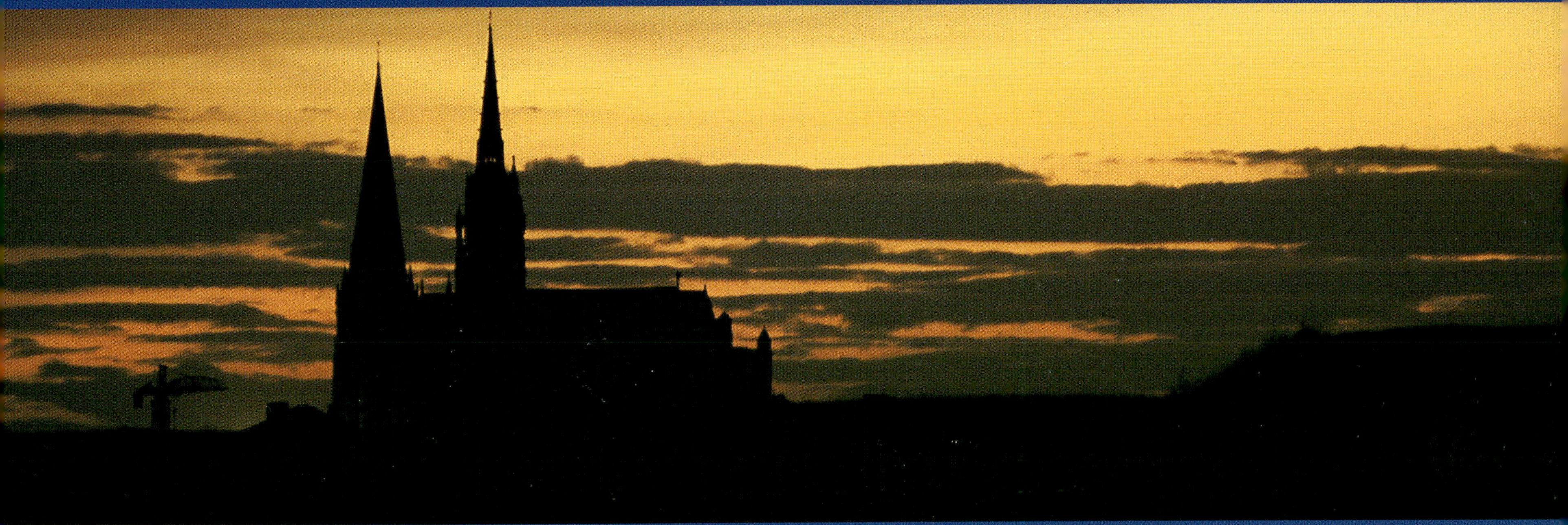

Chartres : la cathédrale au soleil couchant.

siècle, il aurait fait fuir les assaillants en brandissant la chemise de la Vierge, précieuse relique reçue des mains de Charles le Chauve en 876. Cette victoire accroit considérablement l'ampleur du pèlerinage.

Chartres connaît une longue période de prospérité entre le Xe et le XIIIe siècle. Le pouvoir est réparti équitablement entre le comte et l'évêque qui relancent l'activité économique de l'agglomération. La ville haute est le lieu du pouvoir politique et écclésiastique mais aussi du commerce avec les places où se tiennent les marchés et les boutiques des marchands. La ville basse est le lieu de la production artisanale, des métiers du cuir (tanneurs, corroyeurs, mégissiers…) et de la laine (arçonneurs, tisserands, foulons, teinturiers…) à l'ouvrage sur les berges de l'Eure. Les dons perçus grâce au pèlerinage permettent à l'évêque Fulbert de lancer, vers 1020, la construction de la plus vaste cathédrale romane de l'époque. Détruite par un incendie en 1194, à l'exception du portail royal et des deux clochers, elle est relevée en trente ans dans un style gothique d'une rare unité. Aux 3 vitraux de la façade occidentale se joignent, entre 1200 et 1255, 172 nouveaux vitraux destinés à éclairer la haute nef. À une époque où l'Église est en charge de l'enseignement, l'école capitulaire du cloître de la cathédrale et l'école monastique de l'abbaye Saint-Père portent, aux XIe et XIIe siècles, leur rayonnement spirituel sur tout l'Occident chrétien.

La guerre de Cent Ans, les épidémies de peste et l'accroissement des communautés religieuses exonérées de la plupart des charges participent au déclin de l'activité économique aux XIVe et XVe siècles. La ville se rallie au roi d'Angleterre en 1421 avant d'être reprise par le roi de France en 1432. L'Eure est rendue navigable en 1433, ce qui fait de Chartres un port fluvial par lequel transite le blé et le vin. La ville ne sort néanmoins du marasme qu'à la fin du XVe siècle, ce dont elle profite pour réparer, voire reconstruire les édifices religieux comme les quartiers d'habitations. Chartres demeure fidèle à l'orthodoxie catholique durant les guerres de religion. Aux portes du grenier à blé du royaume, elle n'en suscite pas moins la convoitise des différents partis catholiques et huguenots. Elle résiste, en 1568, au siège mené par le prince de Condé, mais capitule, en 1591, lors du siège mené par Henri IV. Sous l'Ancien Régime, les communautés religieuses se maintiennent tandis que la noblesse chartraine délaisse la ville pour la campagne où elle fait bâtir de beaux châteaux. La population chute, passant de 20 000 à 13 000 habitants entre la fin du XVIe siècle et la Révolution.

En devenant, en 1790, le chef-lieu du département de l'Eure-et-Loir, Chartes s'affranchit de la tutelle orléanaise et peut revendiquer pleinement son titre de capitale de la Beauce. Elle va changer profondément de physionomie au cours du XIXe siècle. Elle perd son statut de place forte en 1807, ce qui entraîne le démantèlement des remparts, puis l'aménagement de places et de boulevards. Elle accueille en 1841 la ligne de chemin de fer Paris-Chartres, ce qui dope ses échanges agricoles. Elle dégage, entre 1857 et 1865, le parvis de la cathédrale en déplacant l'hôtel-Dieu à sa périphérie. Chartres demeure, jusqu'à la Seconde Guerre mondiale, un gros marché agricole, une petite cité administrative et un centre religieux ayant conservé une grande partie de ses communautés. Elle connaît une grande vague de croissance entre les années 1950 et 1980 en accueillant des entreprises industrielles qui souhaitent conserver leur siège en région parisienne tout en créant de nouvelles unités de production à moins d'une heure de route. Les équipementiers automobiles (Philips Éclairage, Draftex), la pharmacie (Abodino, Novo-Nordisk), la parfumerie et les cosmétiques (Guerlain, Fabergé, Lancaster, Paco Rabanne) deviennent les plus gros employeurs du bassin chartrain. La ville préserve dans le même temps son patrimoine avec le classement des quartiers anciens en secteur sauvegardé, et ses traditions avec la poursuite des pèlerinages.

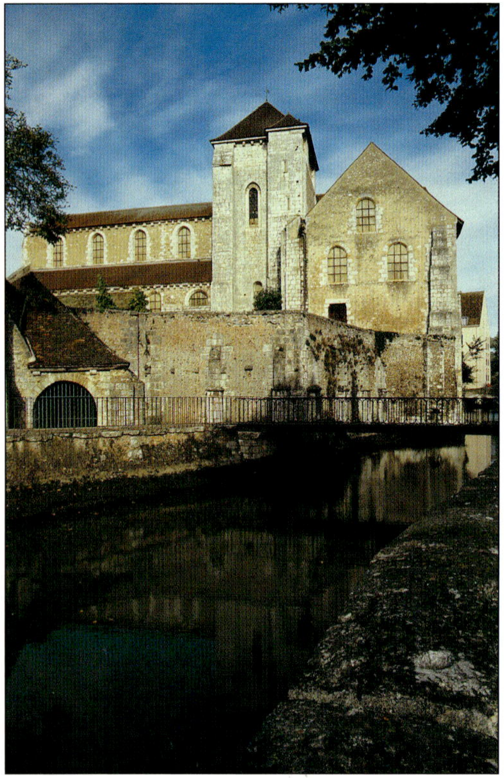

L'église Saint-André.

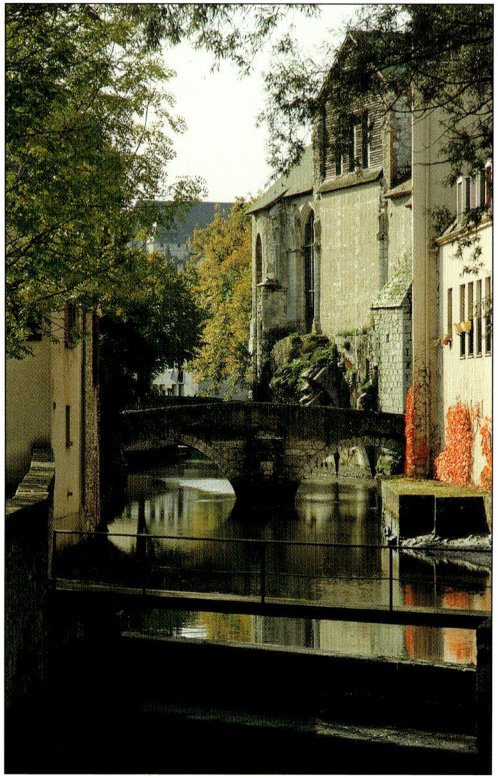

Le pont Saint-Thomas.

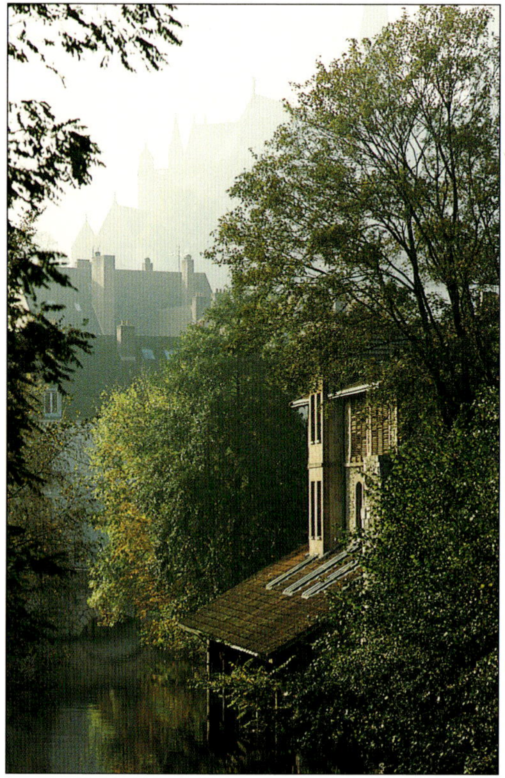

Un ancien lavoir.

Les bords de l'Eure à Chartres.

Les métiers de la laine (arçonneurs, tisserands, foulons, teinturiers…) et les métiers du cuir (tanneurs, corroyeurs, mégissiers…) animent les bords de l'Eure d'une intense activité artisanale à partir du Xe siècle. Les lavoirs remplaceront les ateliers au fur et à mesure de la disparition des différents métiers de la rivière.

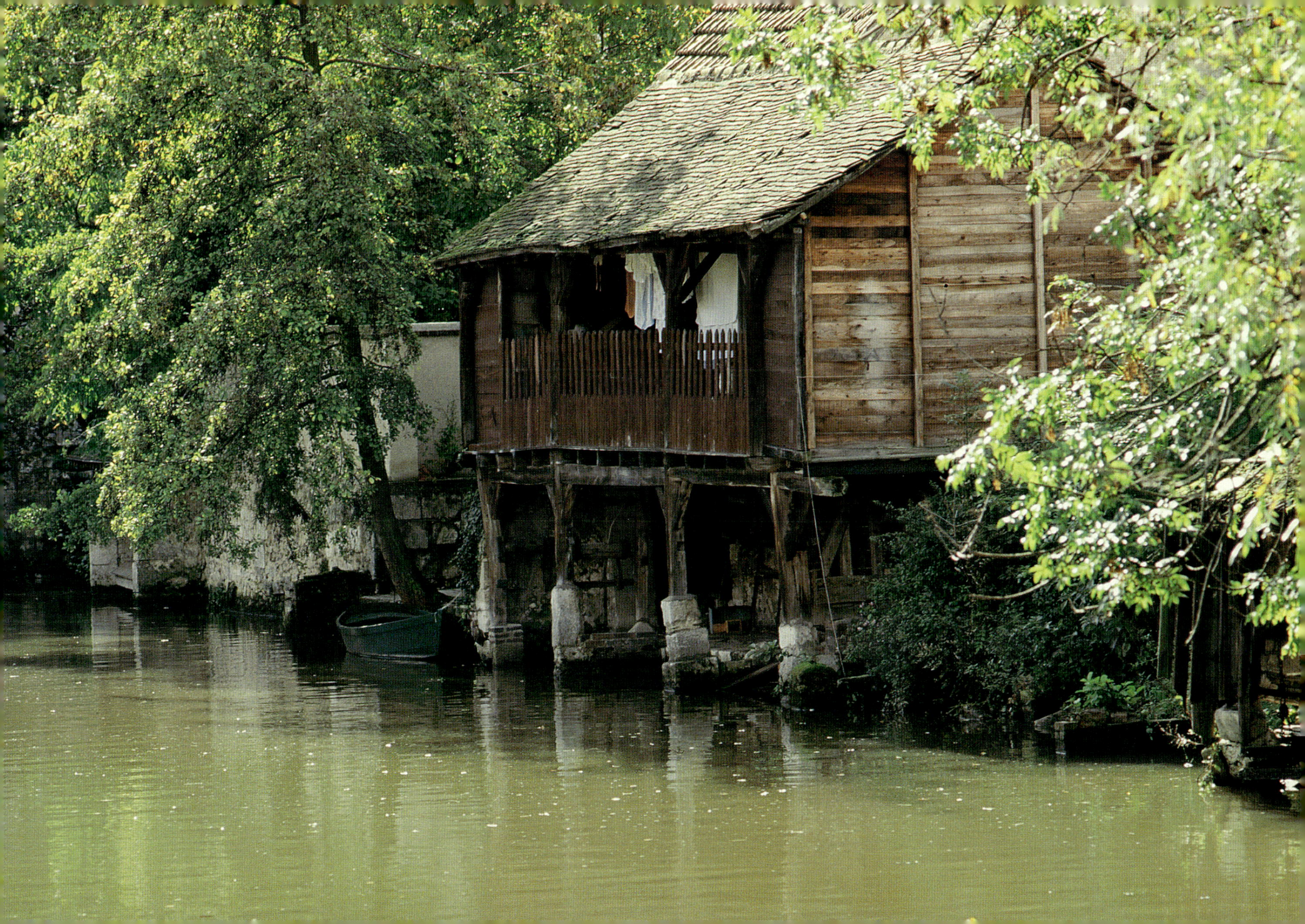

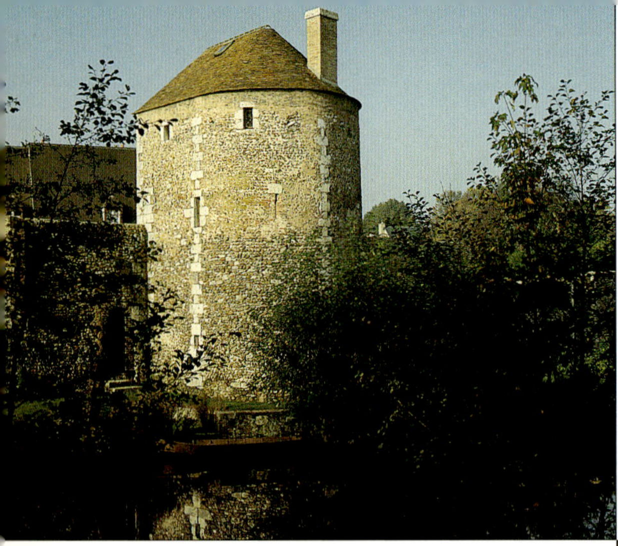

Un jardin potager de la ville basse.
En bordure de l'Eure, la ville basse était le fief des artisans mais comprenait aussi des jardins maraîchers. Il s'agissait en outre, au Moyen Âge, d'un petit port fluvial convoyant le blé et le vin.

Bords de l'Eure : vestiges de la porte Guillaume et vieux pont enjambant la rivière.
L'enceinte fortifiée médiévale longeant le bras principal de l'Eure a été démantelée au XIXe *siècle. Il subsiste des vestiges de la porte Guillaume et quelques tronçons des murs des remparts.*

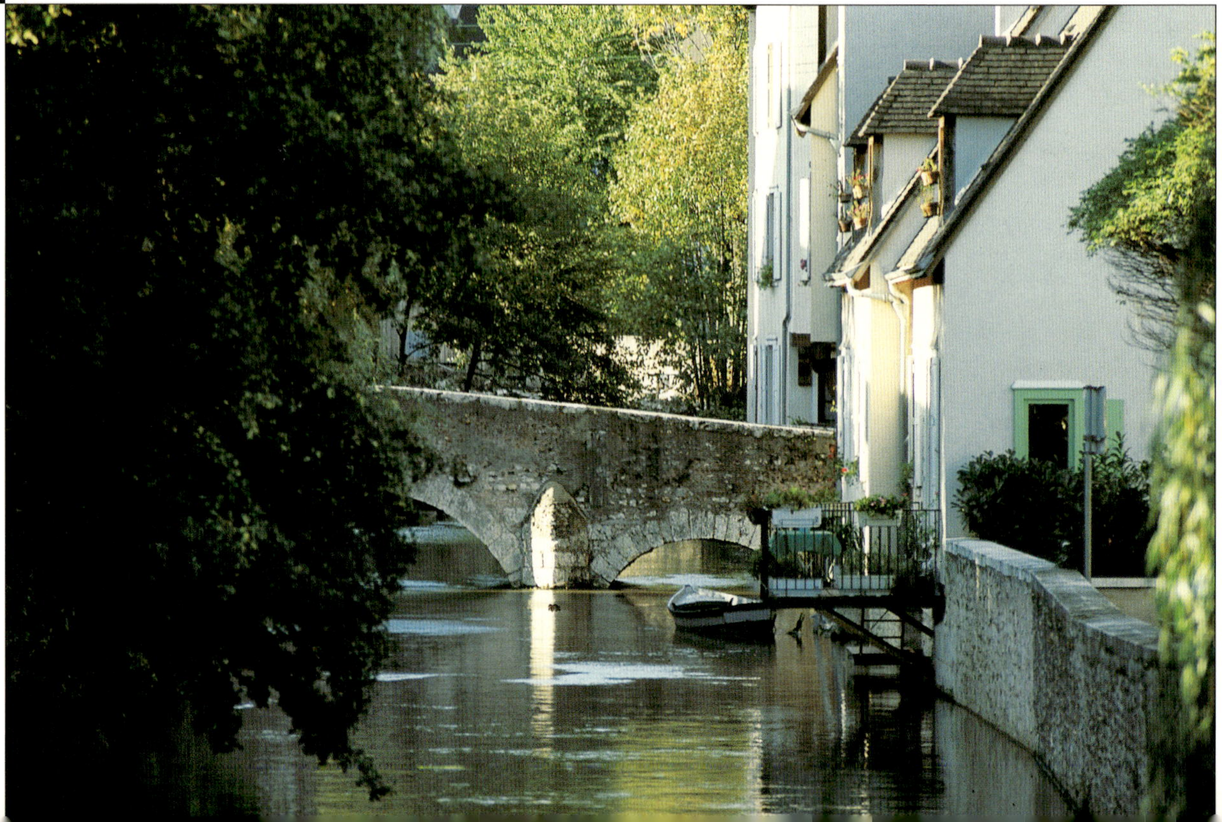

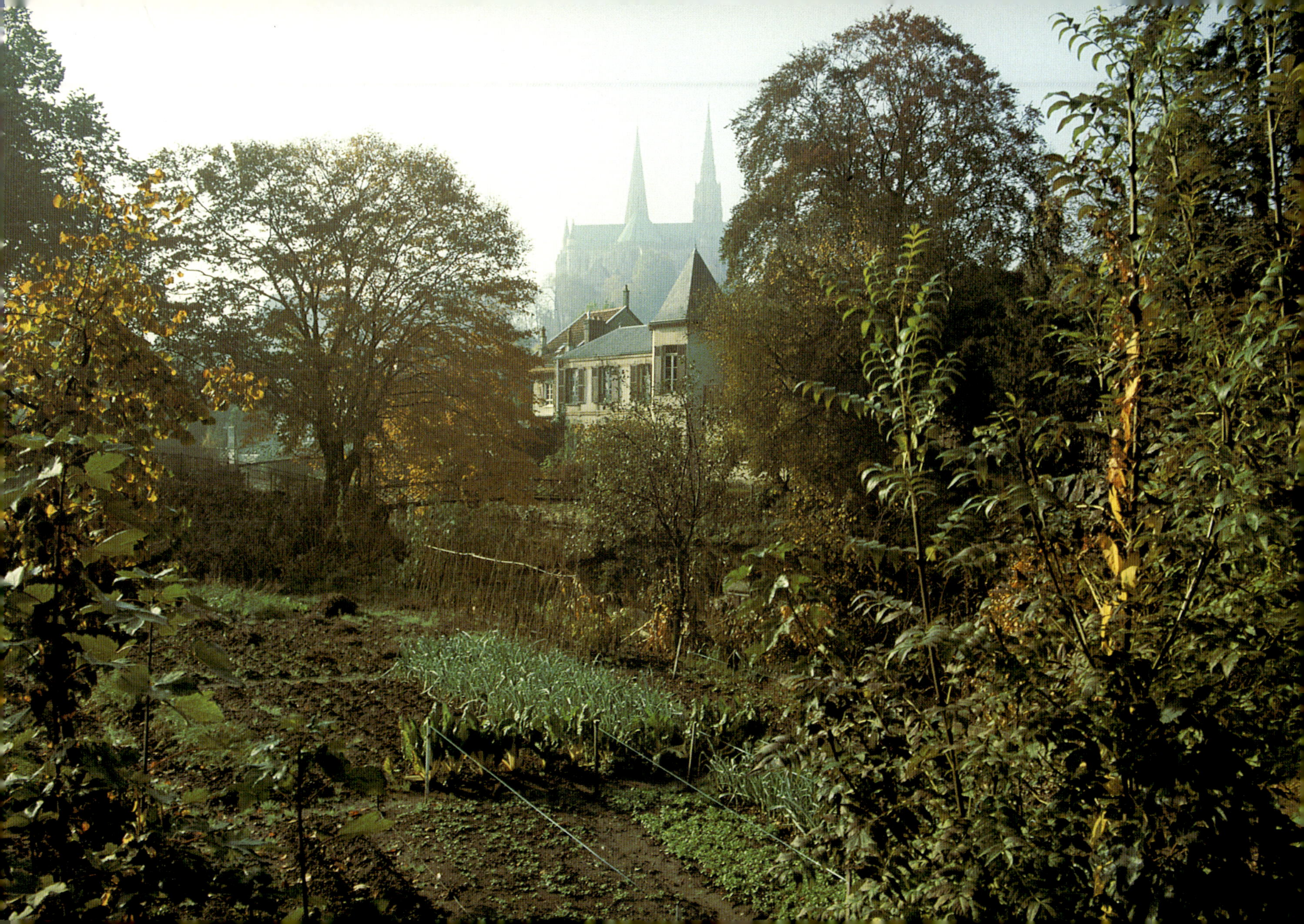

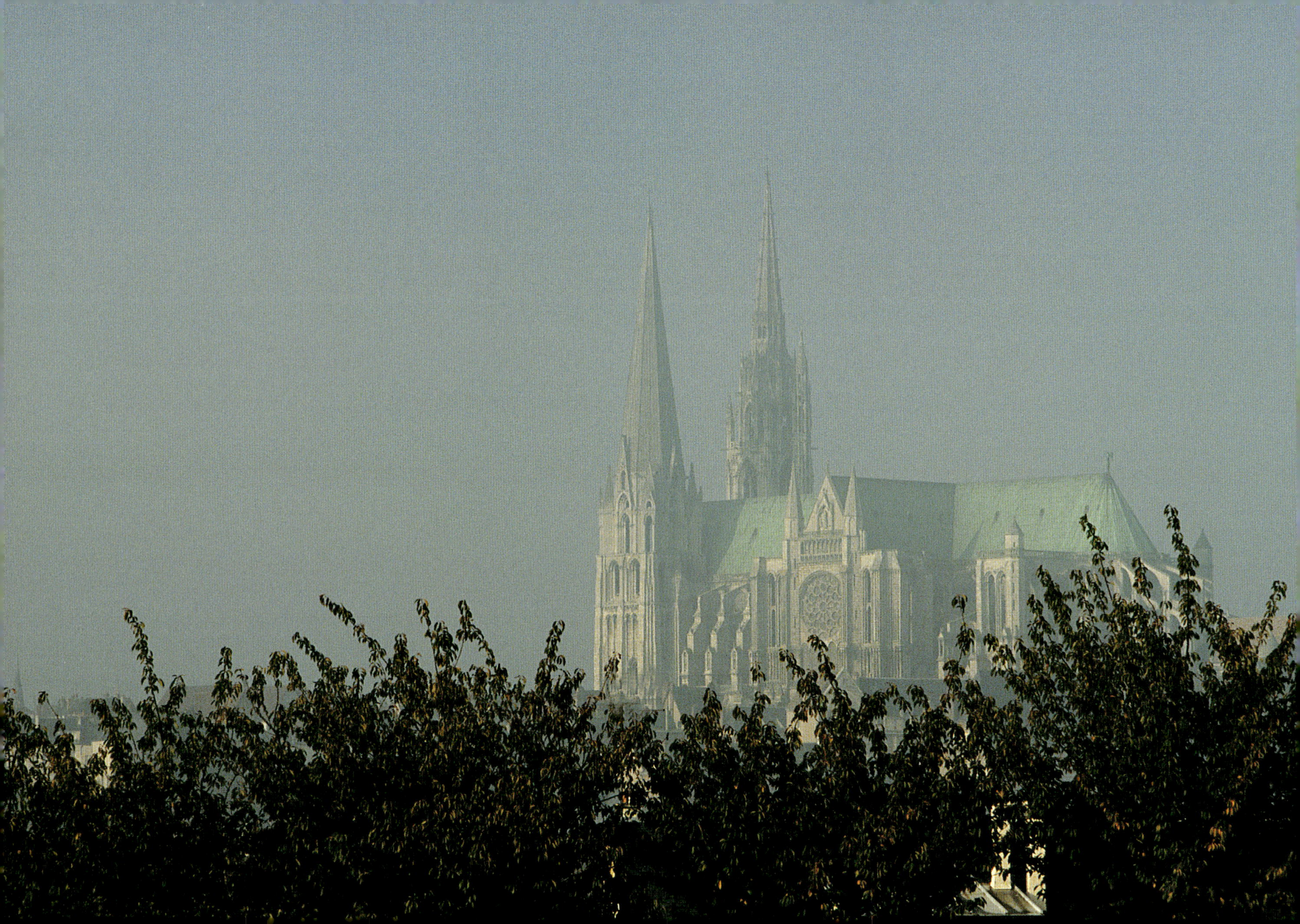

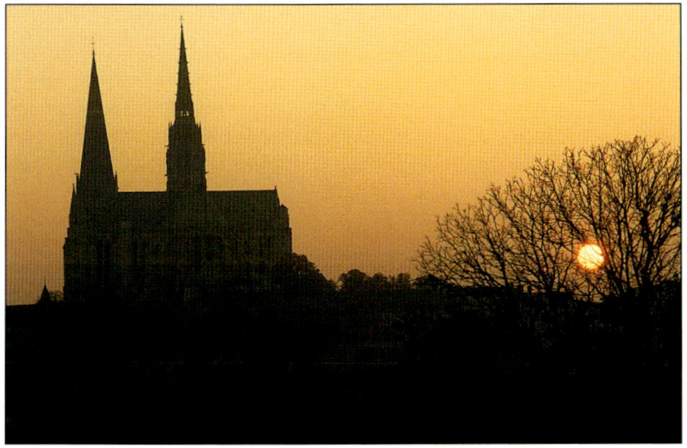

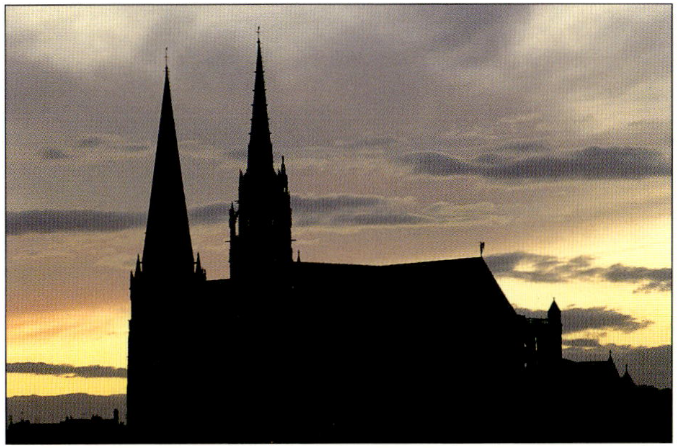

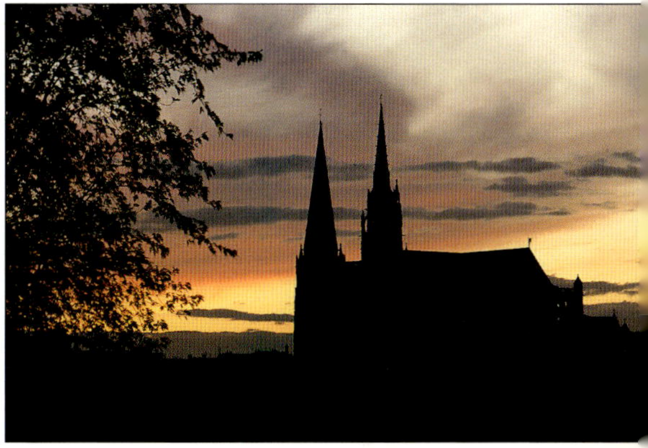

La cathédrale de Chartres. *Plusieurs édifices se sont succédés à l'emplacement de l'actuelle cathédrale depuis l'érection, au milieu du* IV*e siècle, de Chartres au rang de cité épiscopale. L'ampleur du pèlerinage, grand pourvoyeur de dons, a permis d'élever aux* XI*e et* XII*e siècles la plus grande cathédrale de l'époque. Incendiée en 1194, à l'exception de la façade occidentale, elle a été entièrement reconstruite en trente ans dans le plus pur style gothique.*

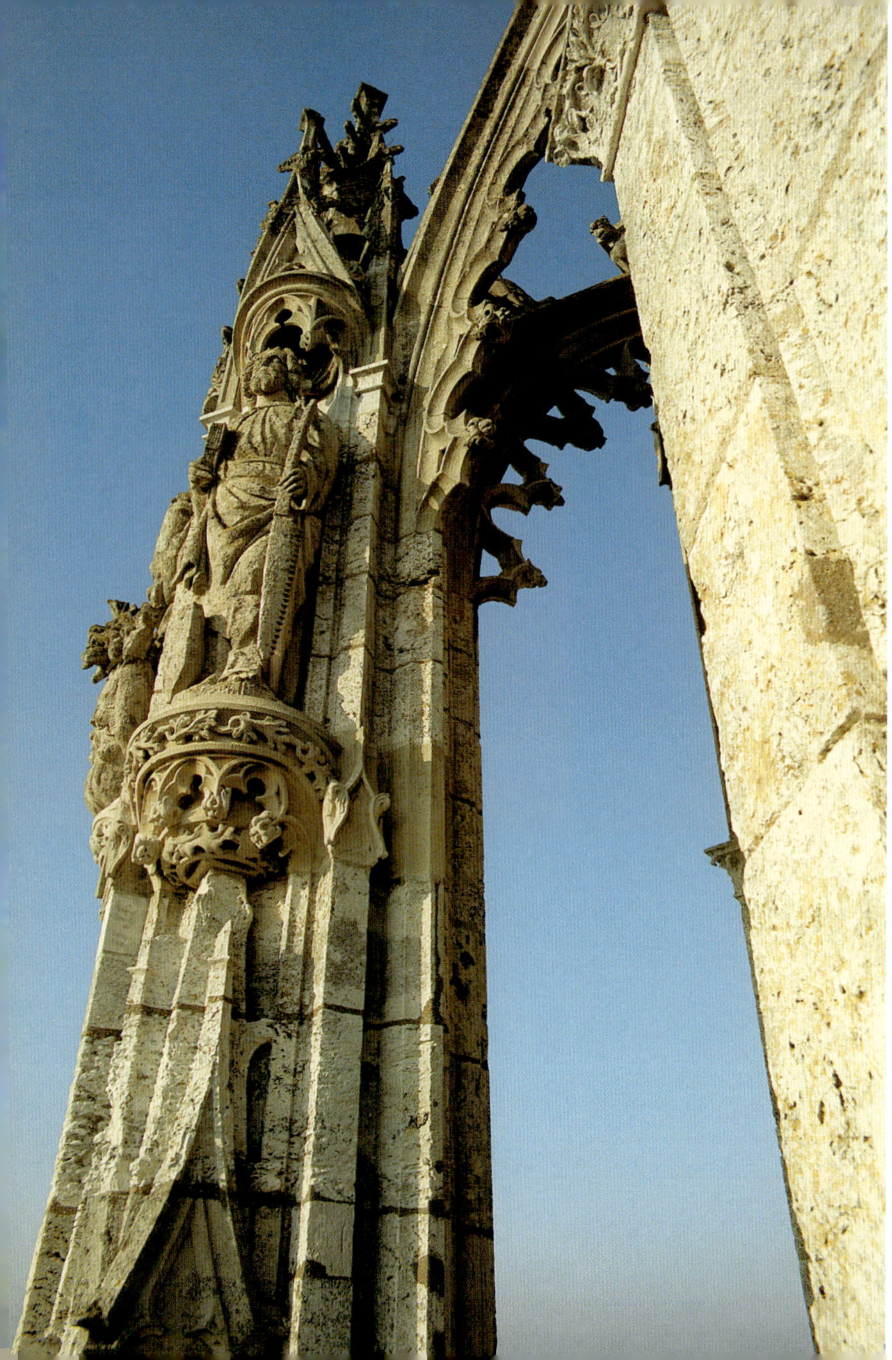

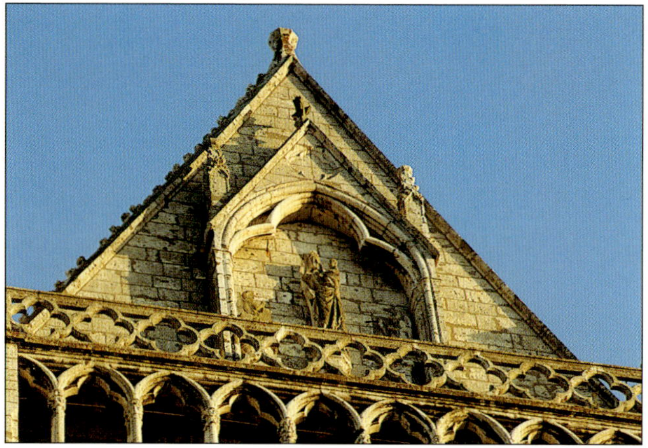

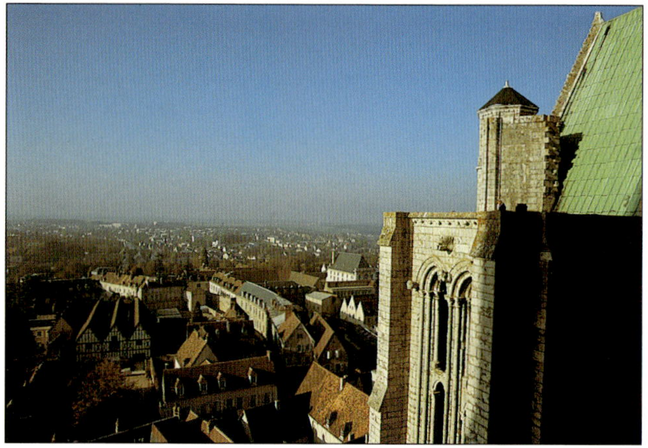

Les parties hautes de la cathédrale.
Un escalier à vis conduit jusqu'au toit de la nef, d'où l'ascension peut se poursuivre jusqu'au premier étage des cloches du clocher nord, à 70 m de hauteur. On jouit alors de vues rapprochées sur les statues, les gargouilles et les arcs-boutants, de vues plongeantes sur Chartres et la campagne environnante.

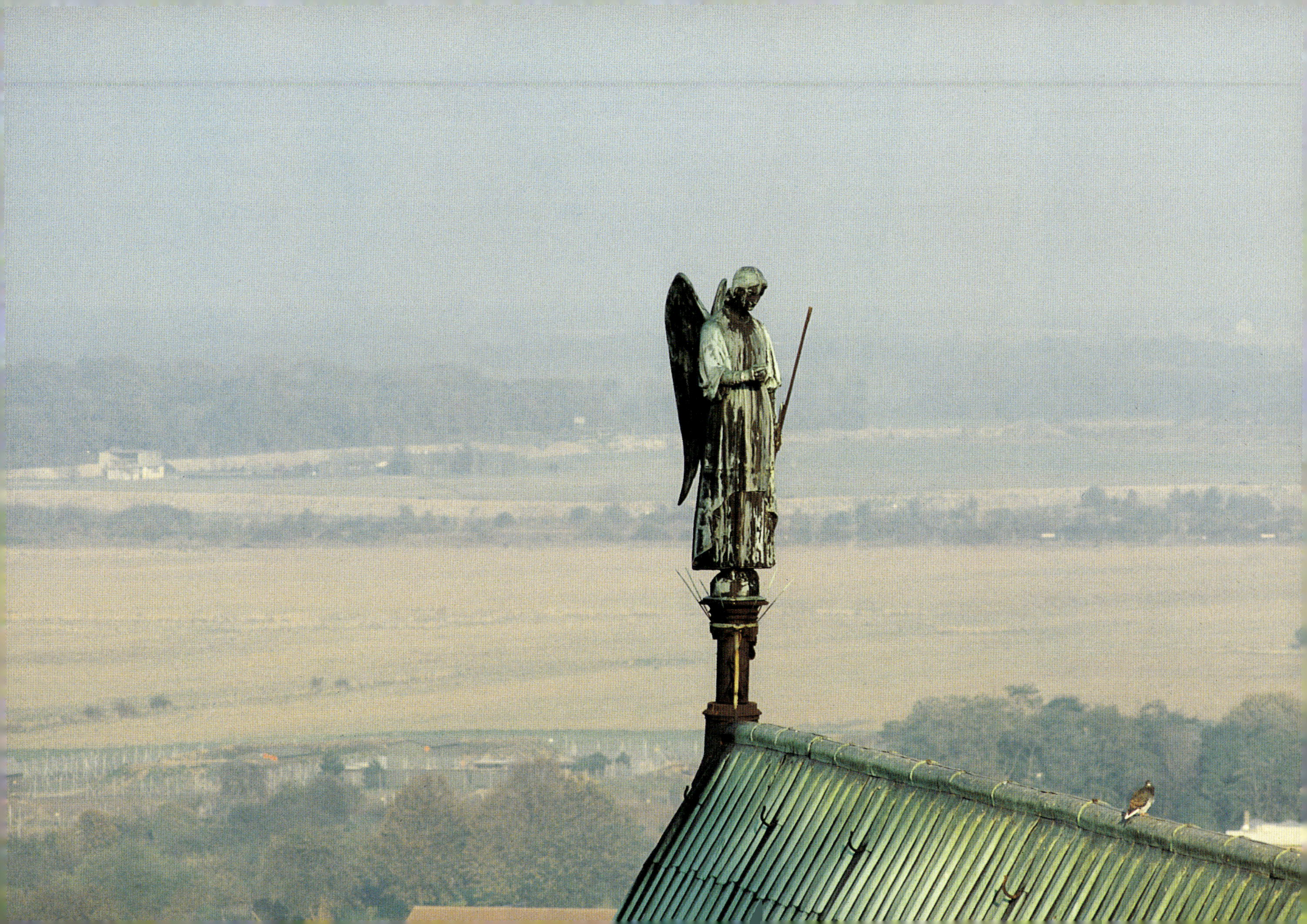

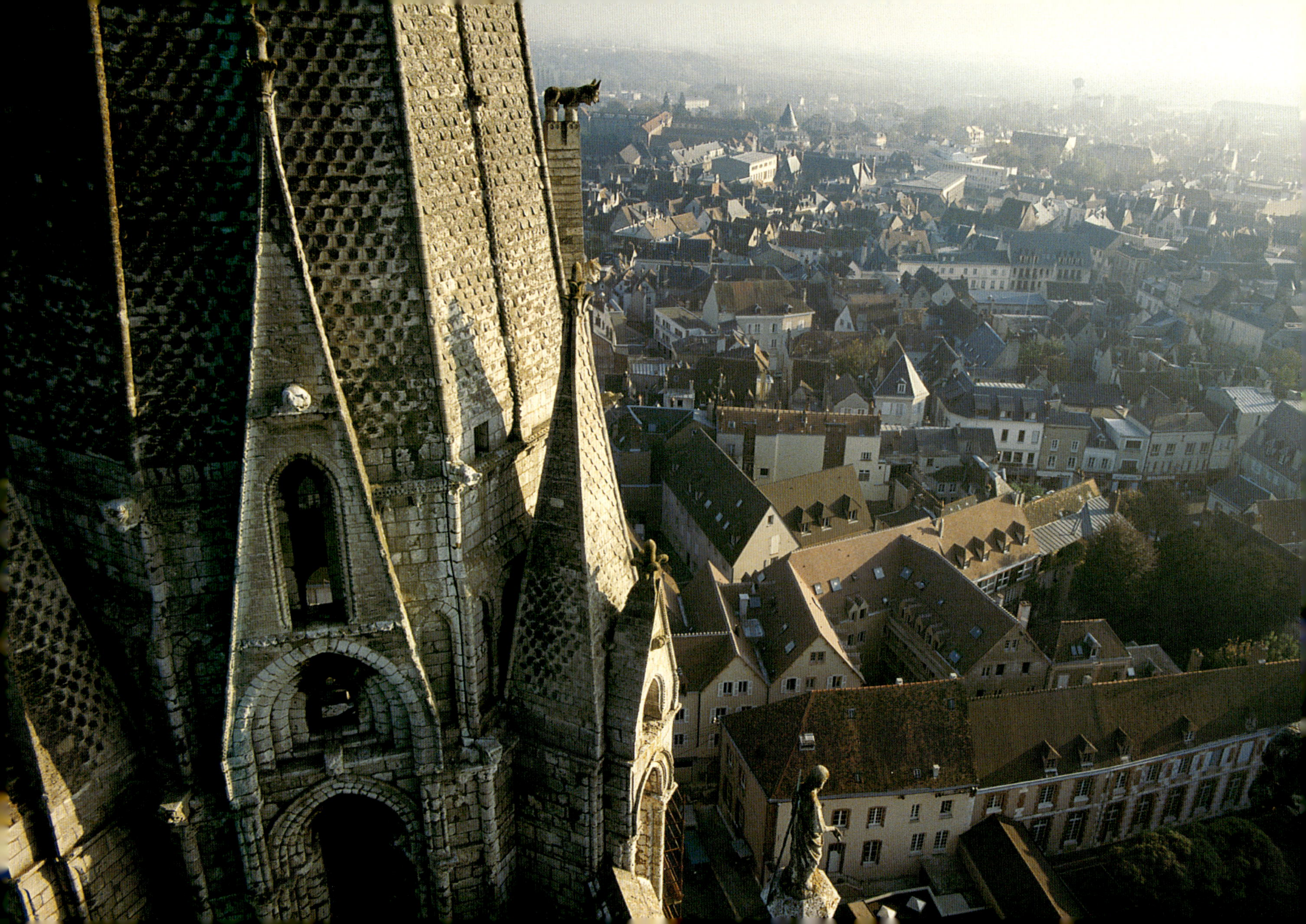

Le clocher Vieux et la ville haute vus depuis le clocher Neuf. *Édifié entre 1142 et 1170, le clocher Vieux se distingue pour l'époque par la sveltesse de sa flèche, couverte d'un sobre décor d'écailles. Construit entre 1134 et 1152, le clocher Neuf est en réalité plus ancien que son homologue. Il doit son nom à la postériorité de sa flèche, détruite par la foudre en 1506, et aussitôt relevée dans le style flamboyant par Jehan de Beauce.*

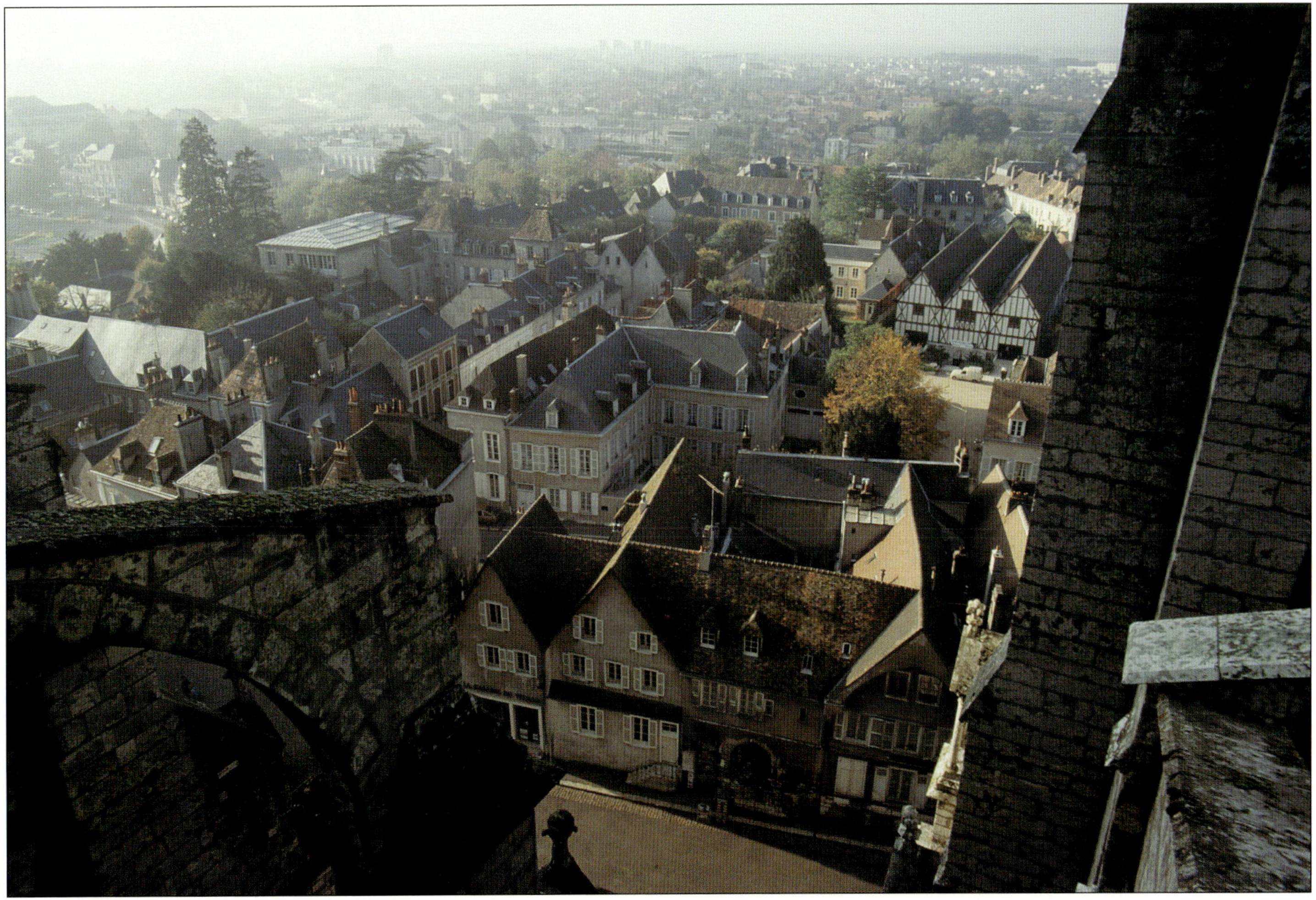

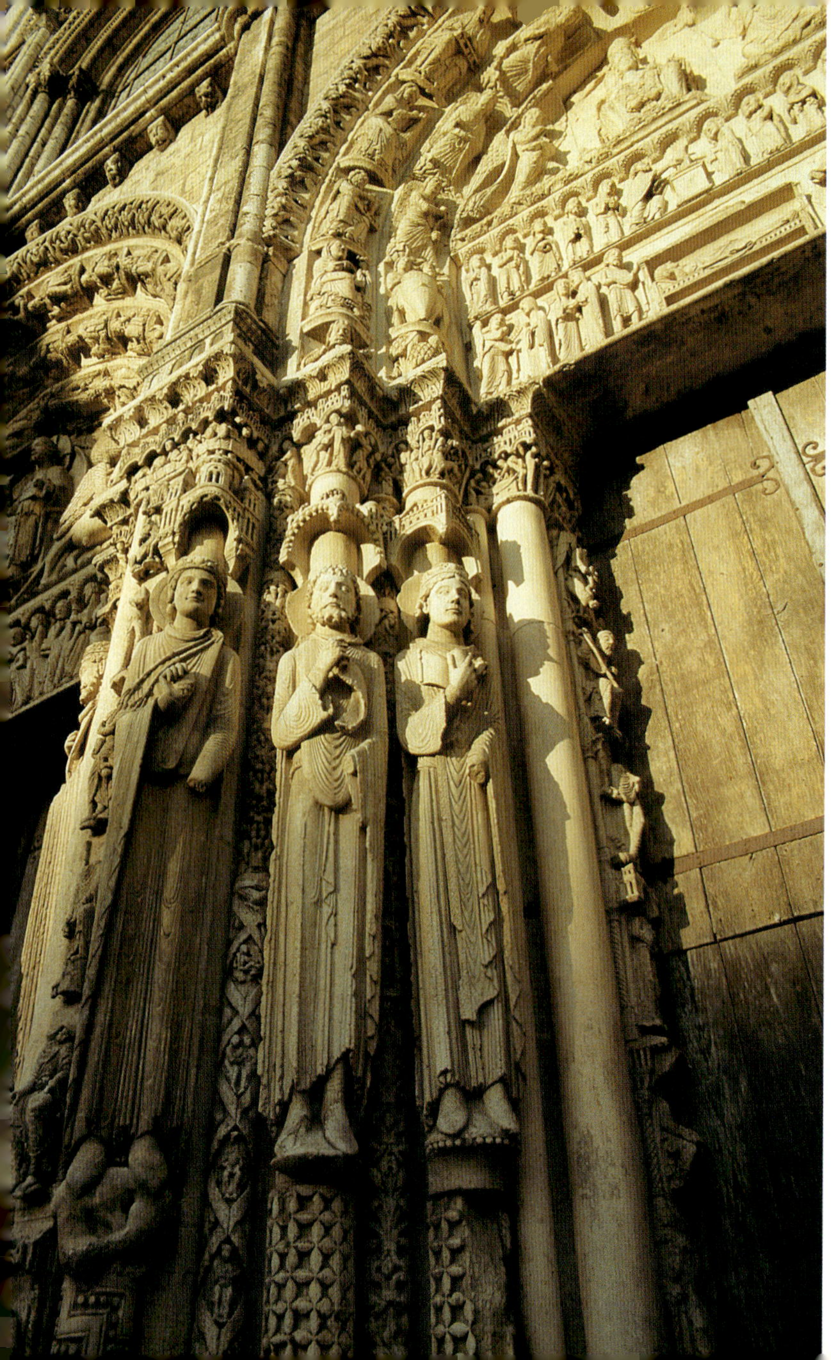

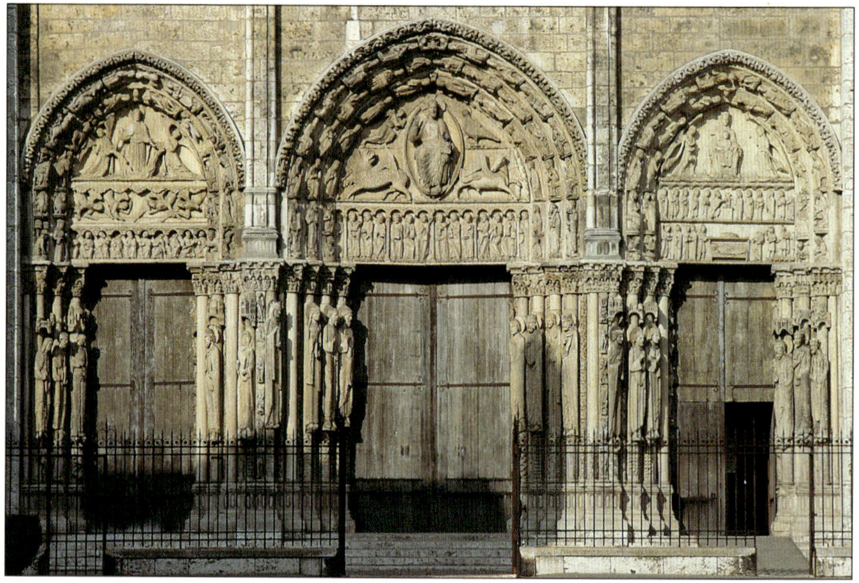

Le portail royal. *Ce chef-d'œuvre de l'art roman tardif est consacré à la glorification du Christ et à l'évocation de l'Apocalypse. Ses sculptures, réalisées entre 1142 et 1150, annoncent déjà l'âge gothique. Le tympan du portail central porte le Christ en majesté dans sa mandorle qu'entoure les quatre animaux de l'Apocalypse.*

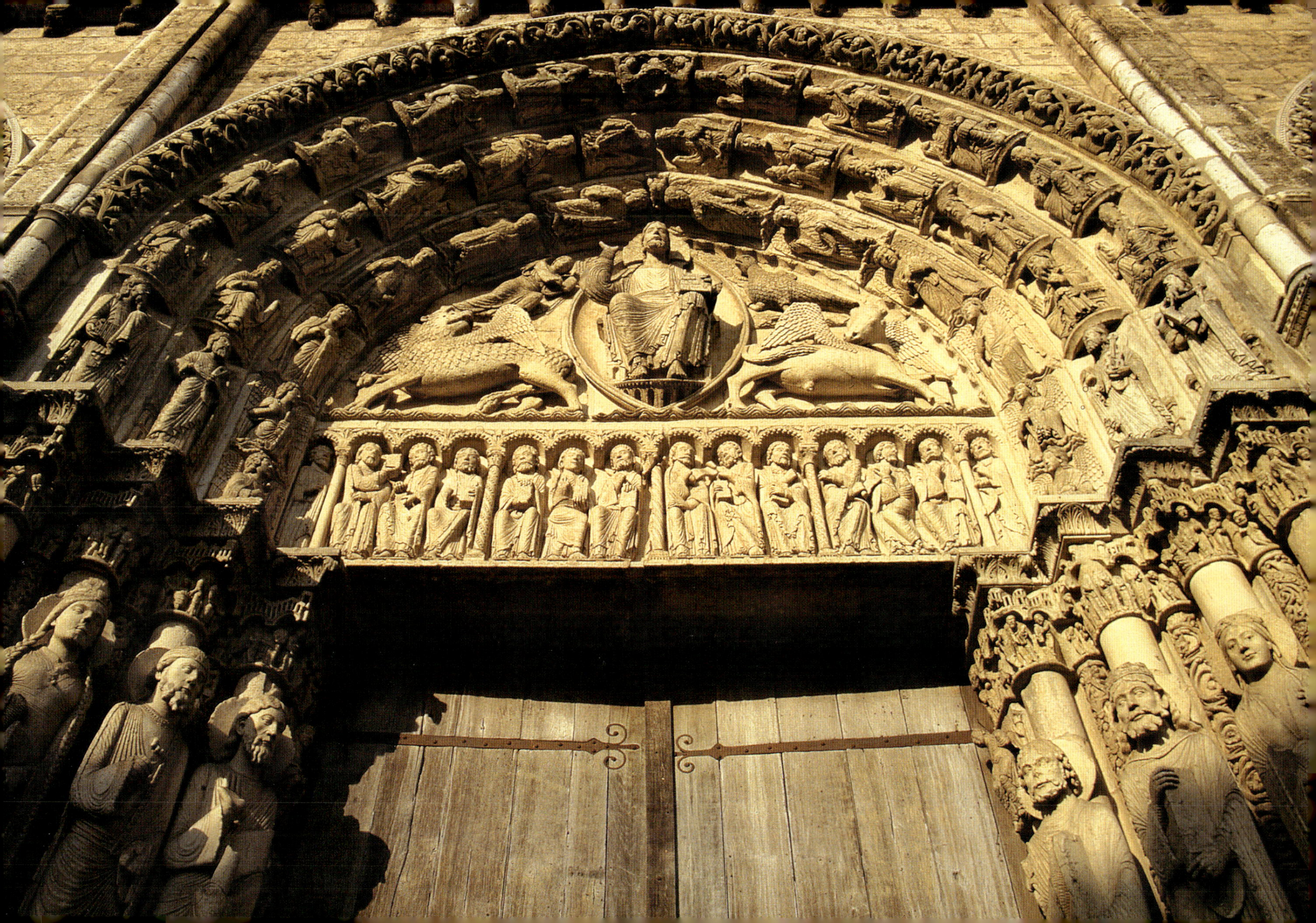

Portail royal : le Christ en majesté et les statues-colonnes.

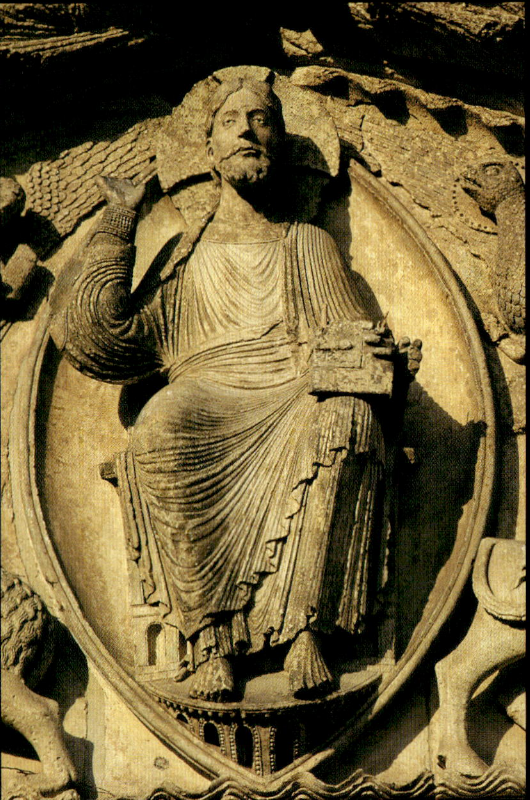

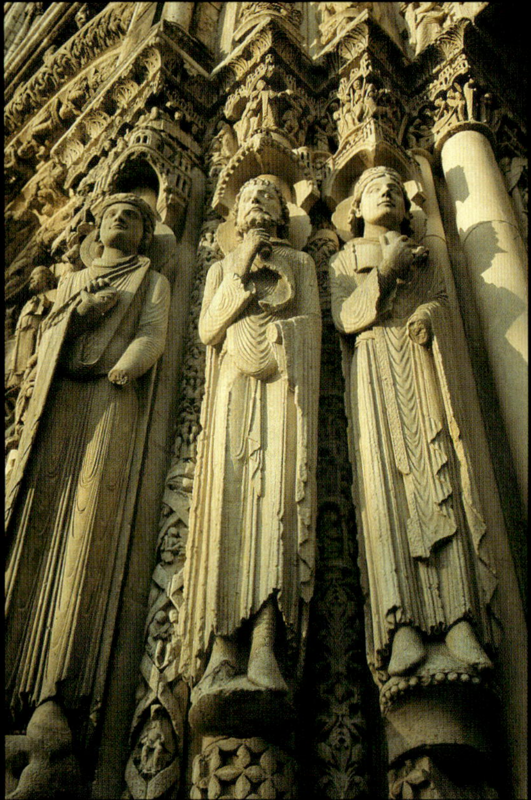

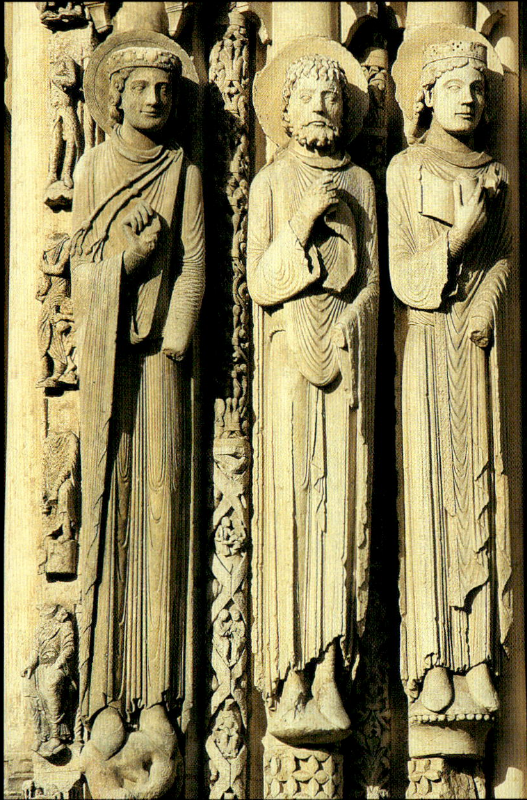

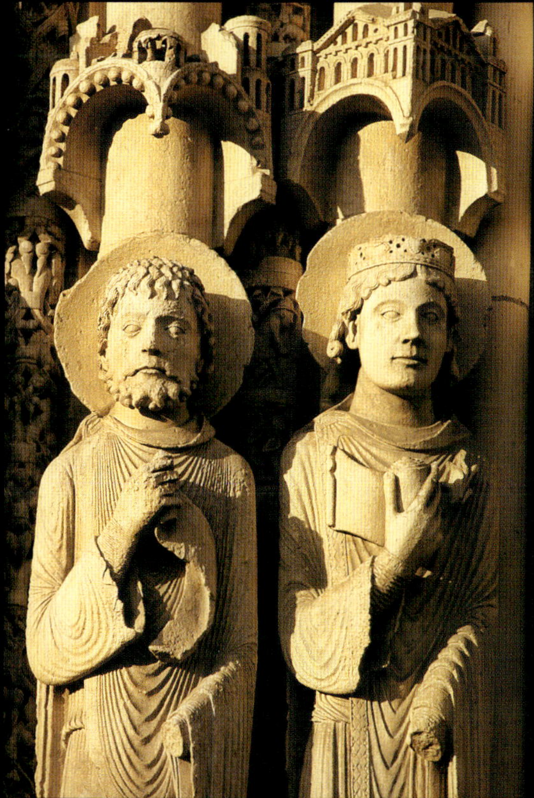
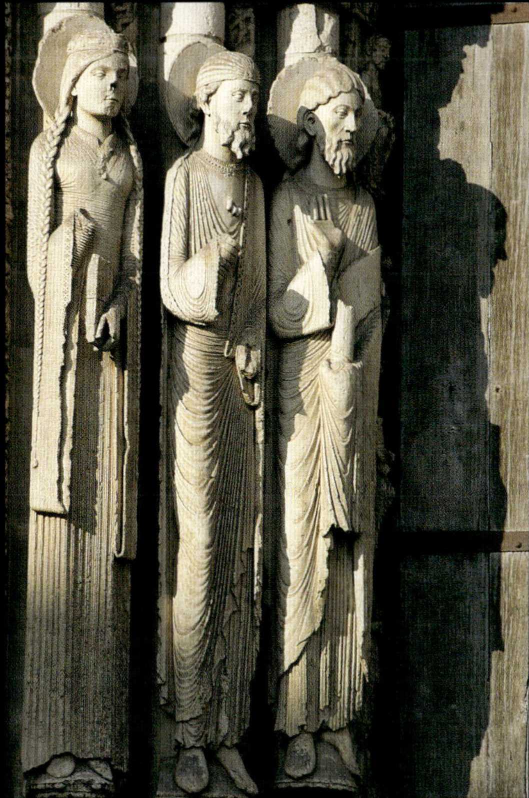
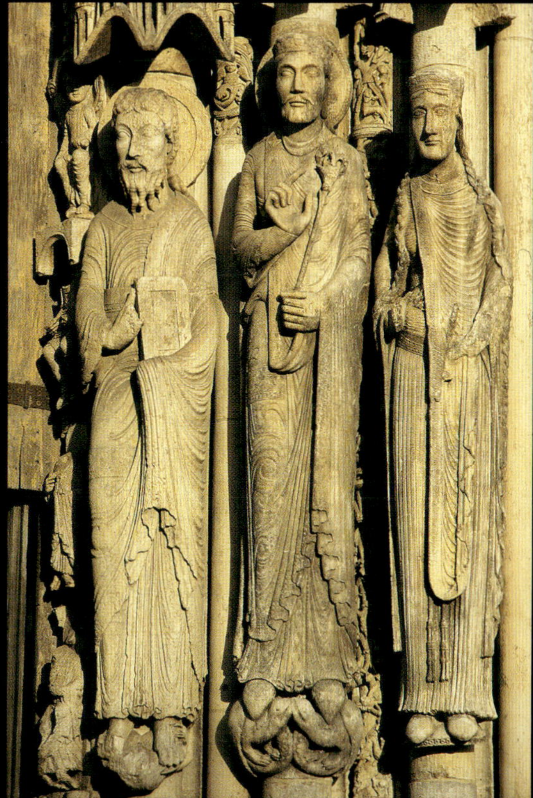

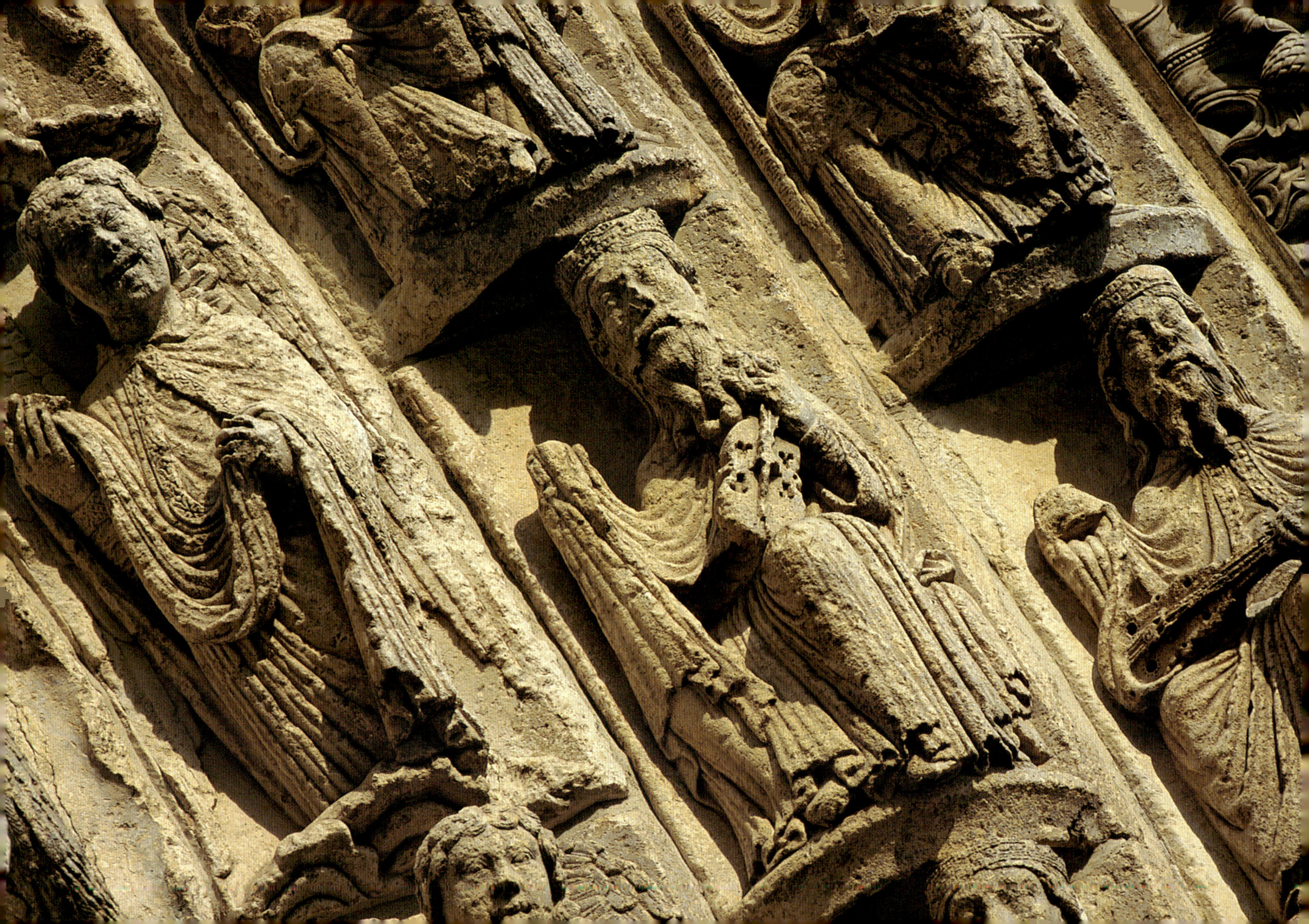

Clocher Vieux : l'ange au cadran.
Une svelte statue marque l'angle du clocher Vieux, ou clocher sud. Il s'agit, comme l'indique l'inscription, d'une adjonction de 1528.

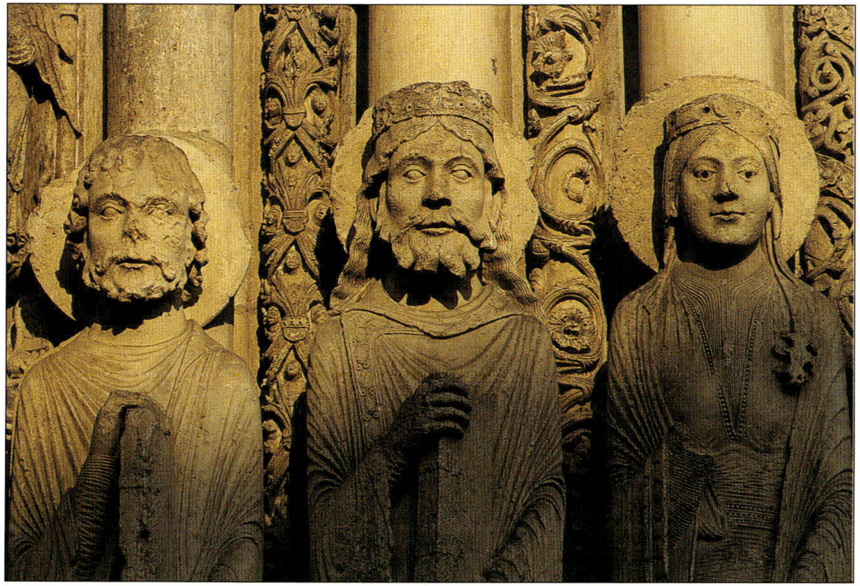

Portail royal : les voussures et les statues-colonnes du portail central.
Les voussures du portail central portent les vingt-quatre vieillards et les anges de l'Apocalypse. Les statues-colonnes représentent pour la plupart des personnages de l'Ancien Testament.

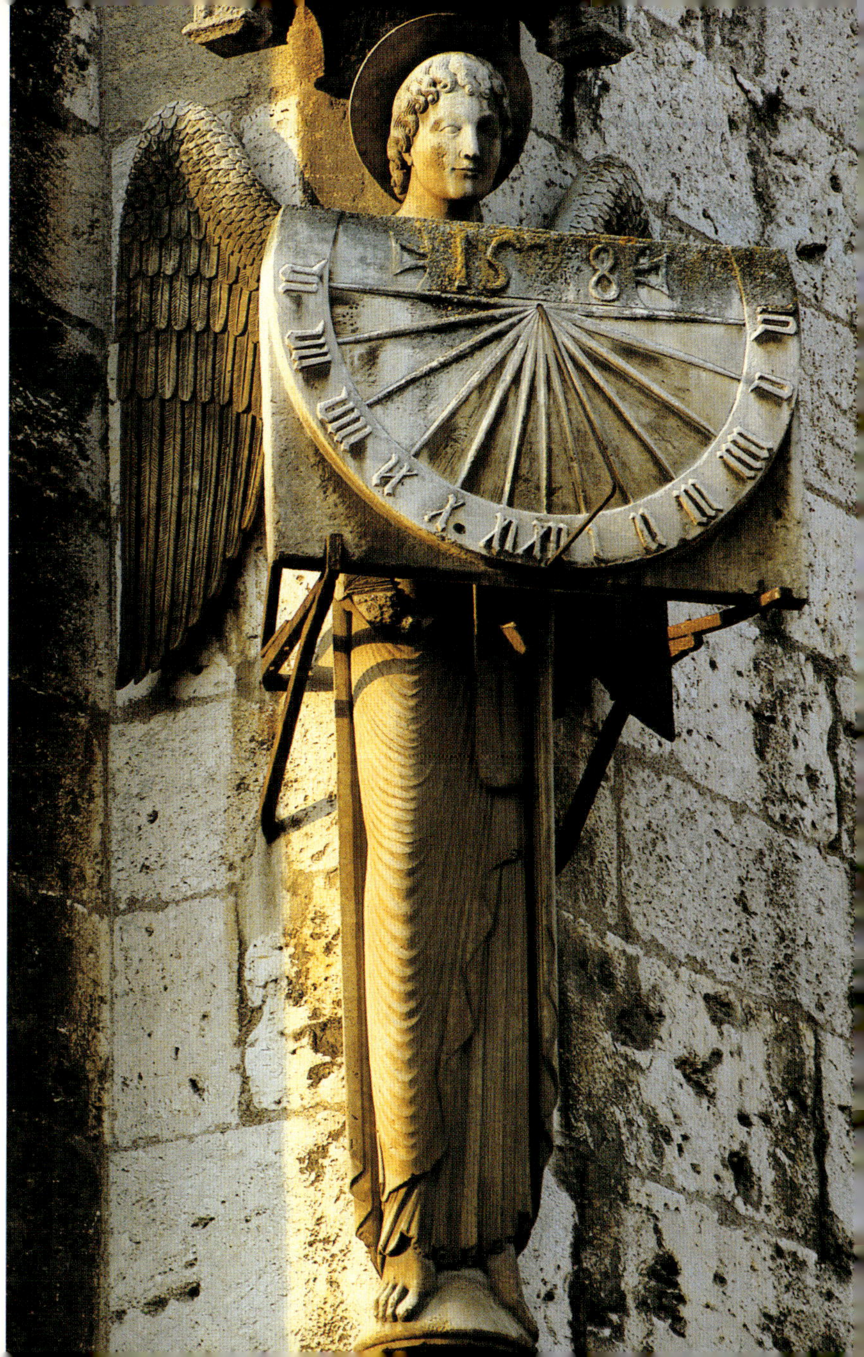

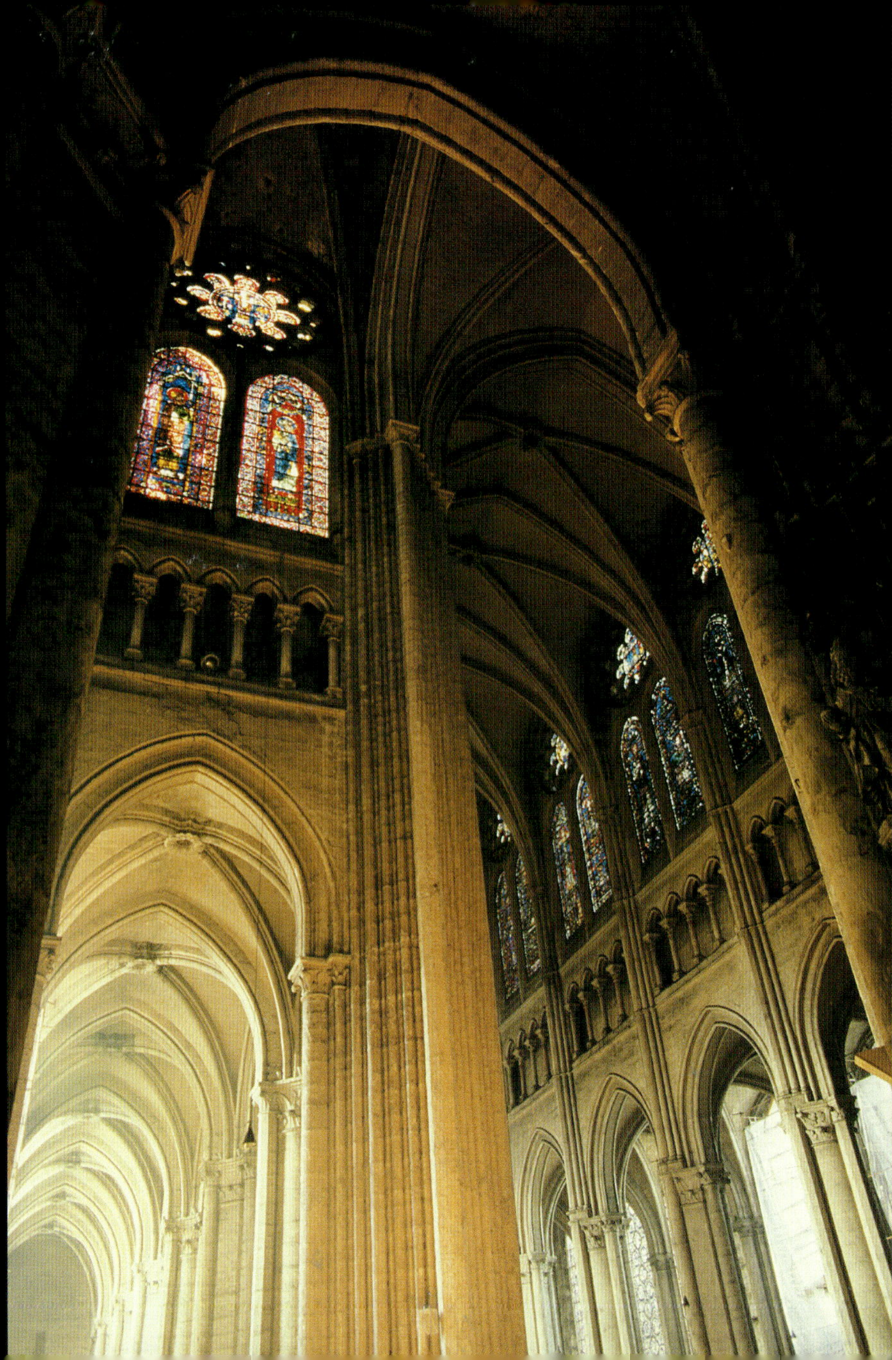

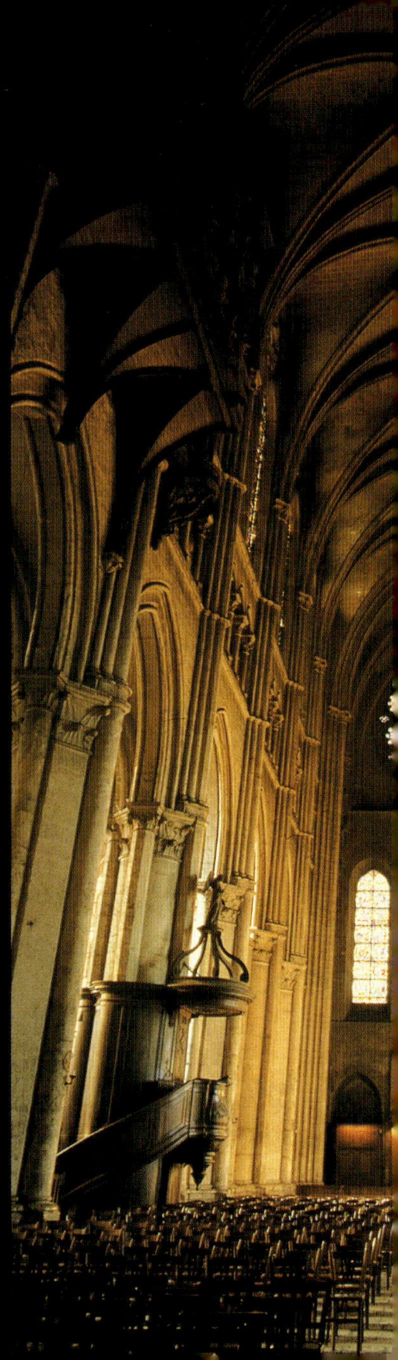

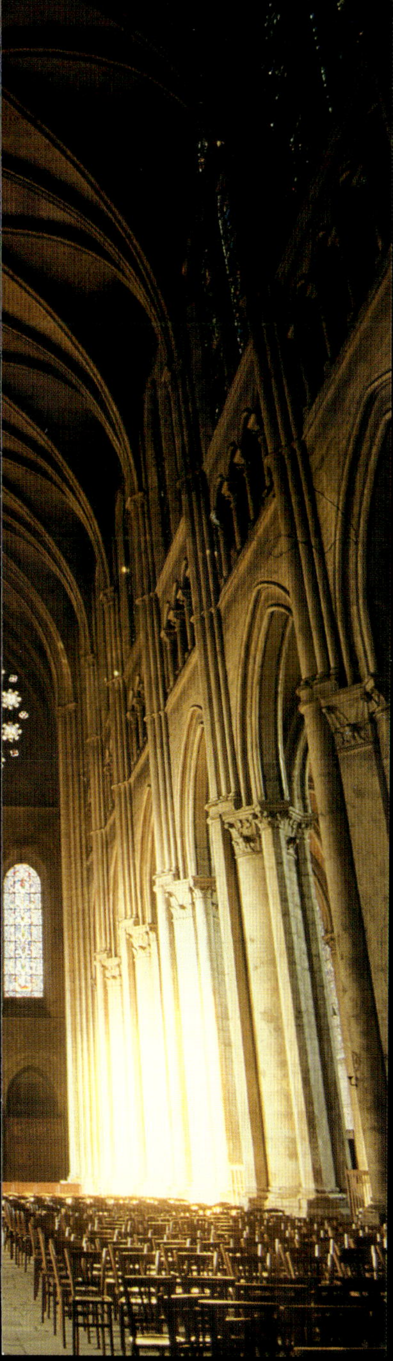

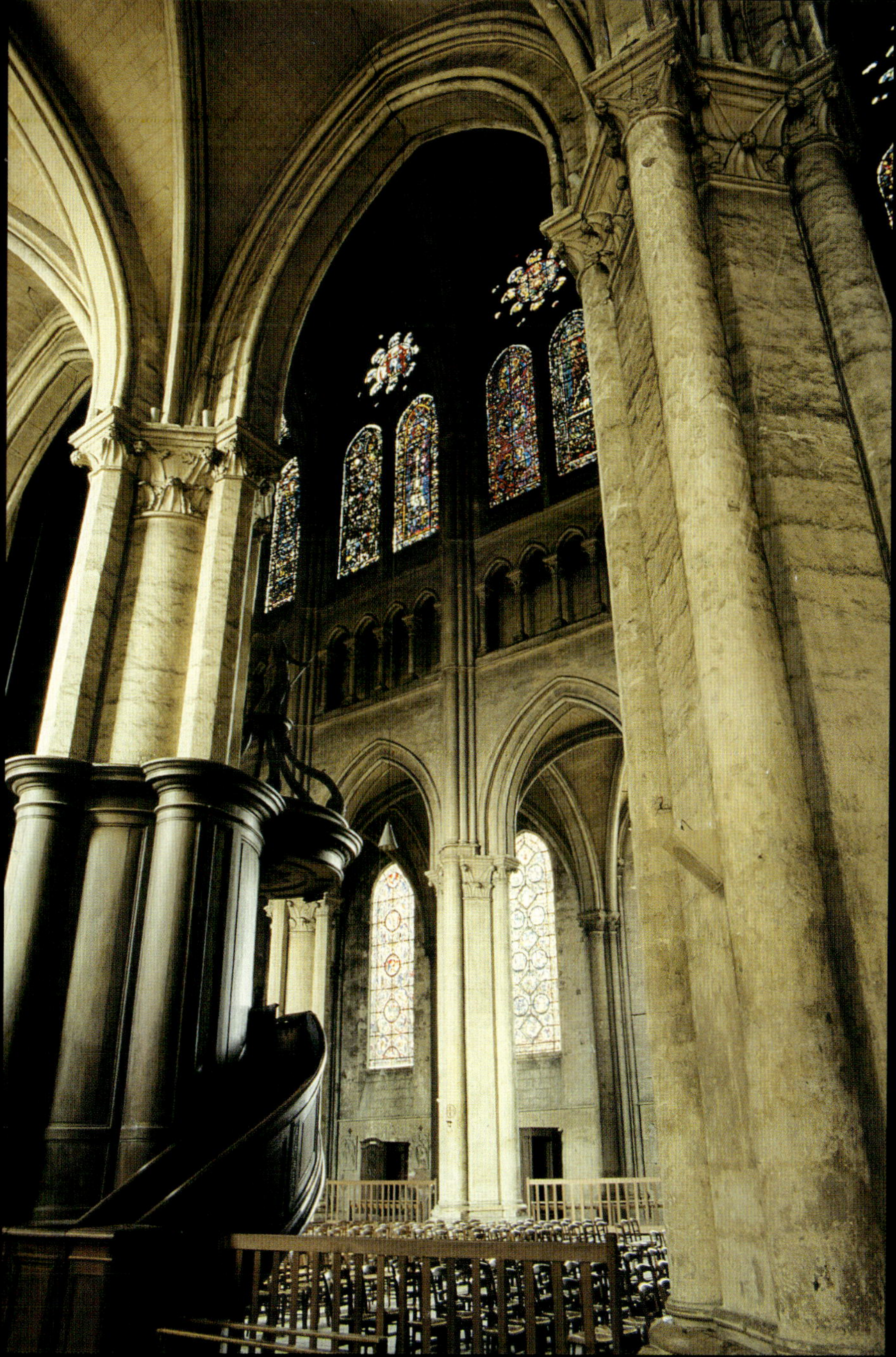

La nef. *Impressionnante par son ampleur, elle mesure 130 m de long. Elle est la plus large de France, 16 m entre ses piliers, avec une voûte s'élevant à 37 m de haut. Elle doit ses dimensions exceptionnelles à une pleine maîtrise de l'utilisation des arcs-boutants qui transmettent les poussées des hautes voûtes à de solides contreforts. Chartres est la première cathédrale pour laquelle on conçut la stabilité de l'ensemble en intégrant dès le début de la construction l'arc-boutant et le contrefort, employés jusqu'alors comme des appendices. Aucun correctif n'a été apporté par la suite à Chartres, ce dont peu de cathédrales peuvent se prévaloir.*

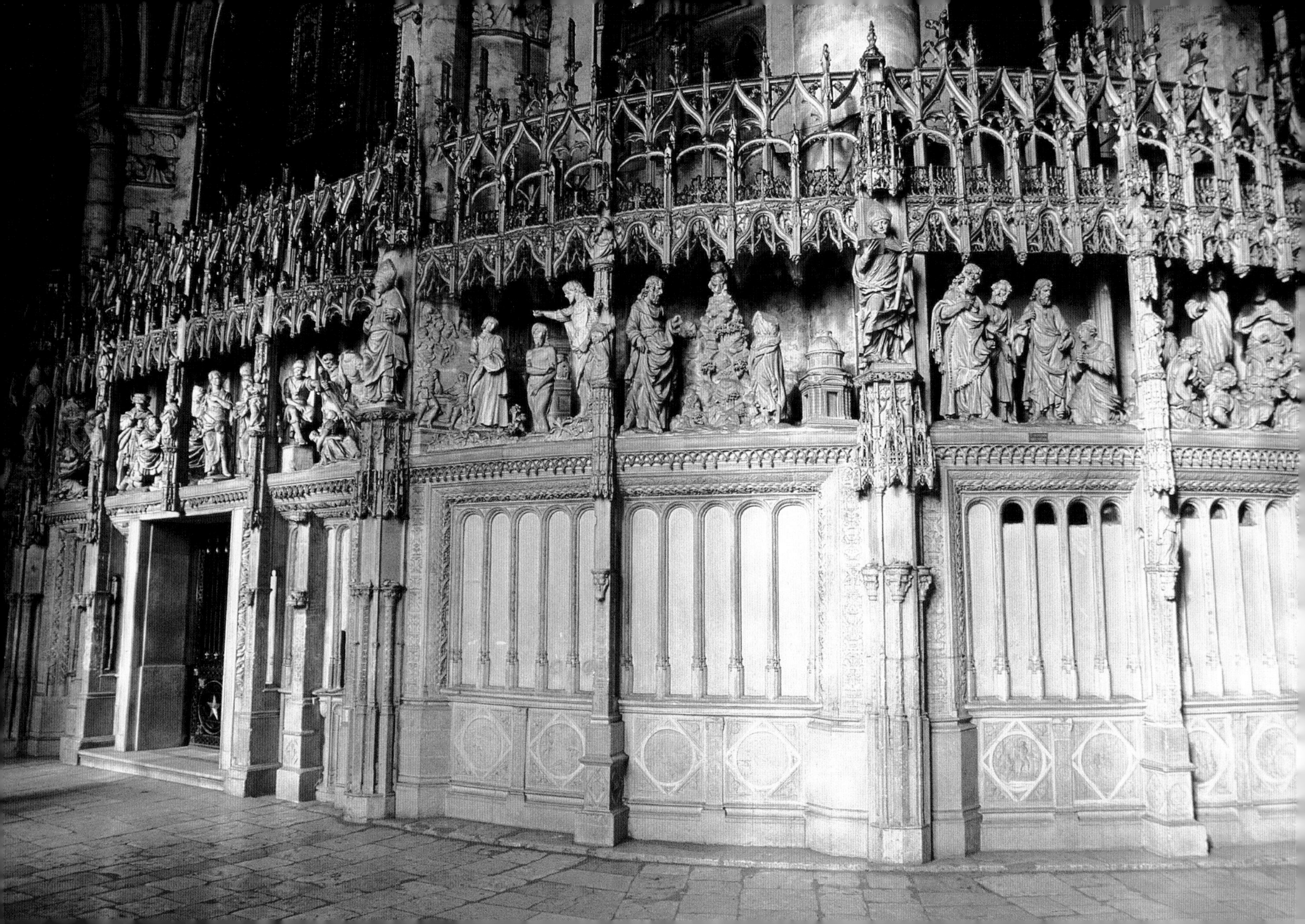

Clôture du chœur : les scènes sculptées surmontées de leurs baldaquins.
Auteur de la flèche de style flamboyant du clocher sud, Jehan de Beauce reçut du chapitre la commande de la clôture du chœur en 1513. Il restait à sa mort, en 1529, un peu plus de la moitié des scènes sculptées à réaliser. La décoration de la clôture se poursuivit sur deux siècles, les derniers groupes étant exécutés entre 1713 et 1716.

Clôture du chœur : détail de quatre scènes sculptées.
Exécutées entre 1514 et 1716, les quarante scènes sculptées de la clôture du chœur évoquent la vie de la Vierge et du Christ.

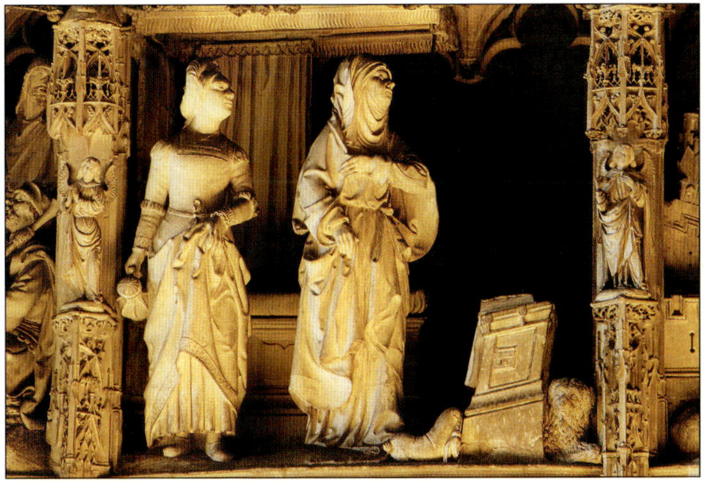

Anne visitée par l'Ange, en compagnie de sa servante.

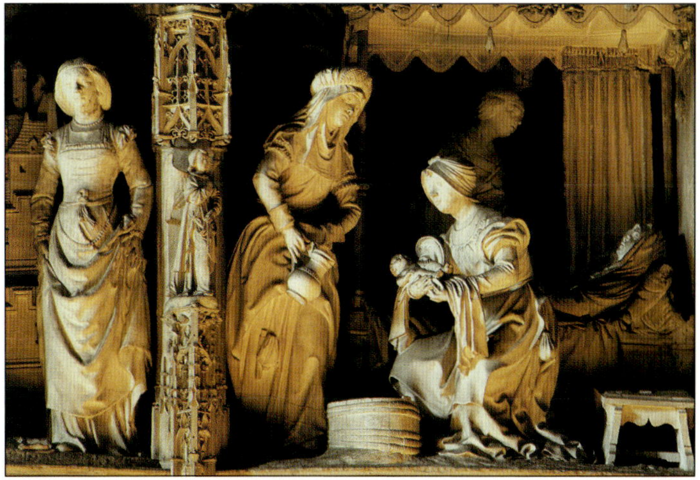

Le premier bain de Marie qui vient de naître.

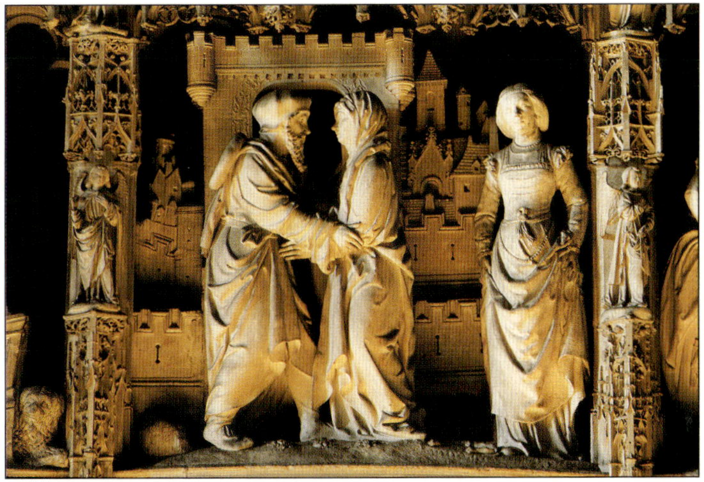

La rencontre d'Anne et de Joachim devant la porte Dorée de Jérusalem.

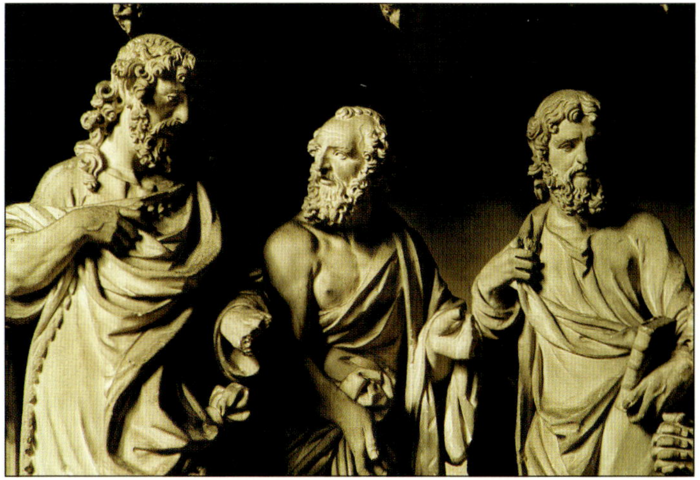

La Transfiguration.

Bras nord du transept : la grande rose et les lancettes évoquant l'Ancien Testament et la glorification de la Vierge.

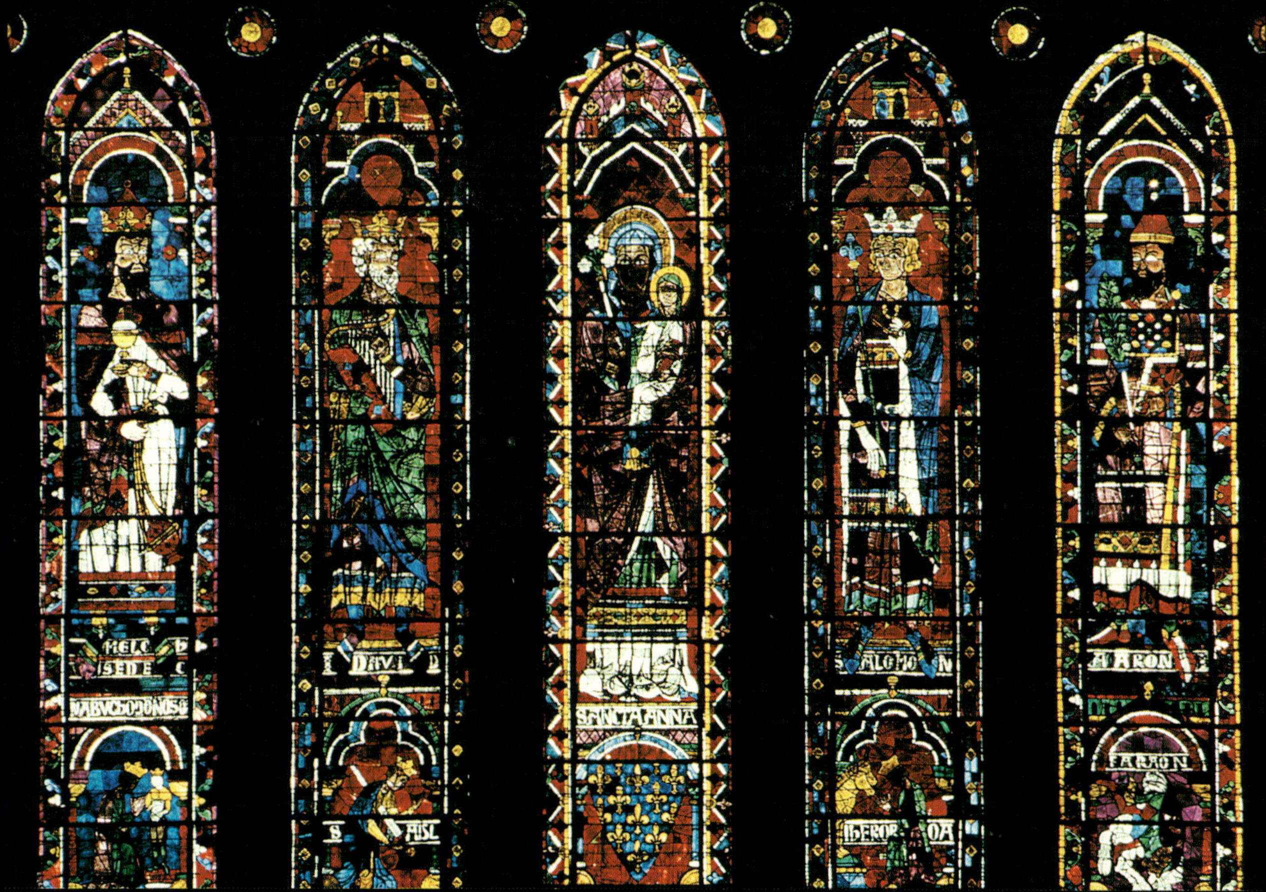

Le grand prêtre Melchisédech.

Le roi David.

Sainte Anne et la Vierge enfant.

Le roi Salomon.

Le prêtre Aaron.

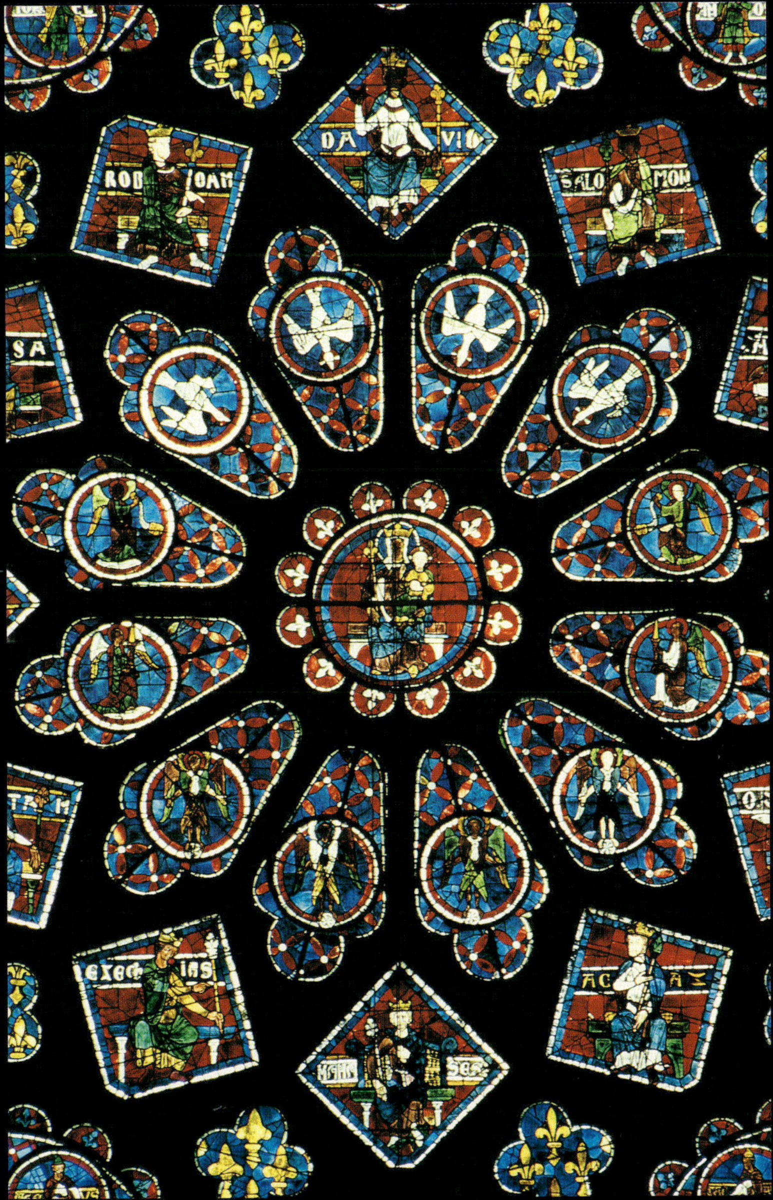
DA VI
ROB OAM
SALO MON

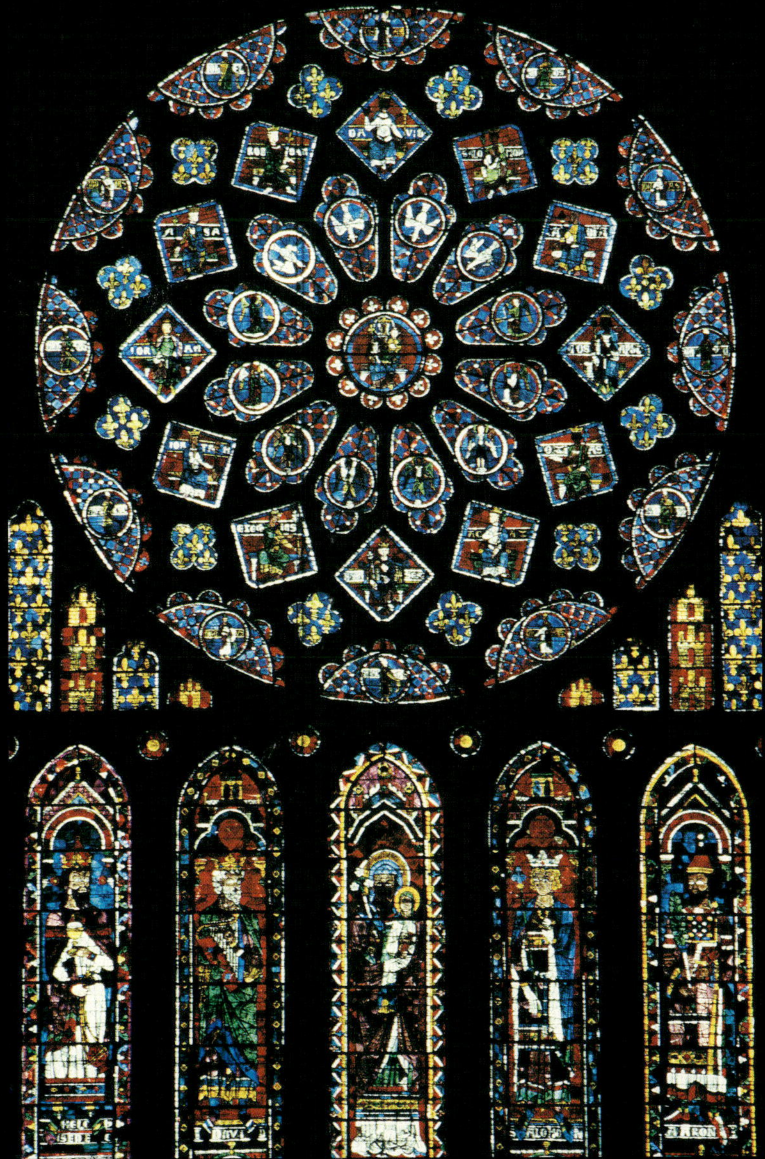

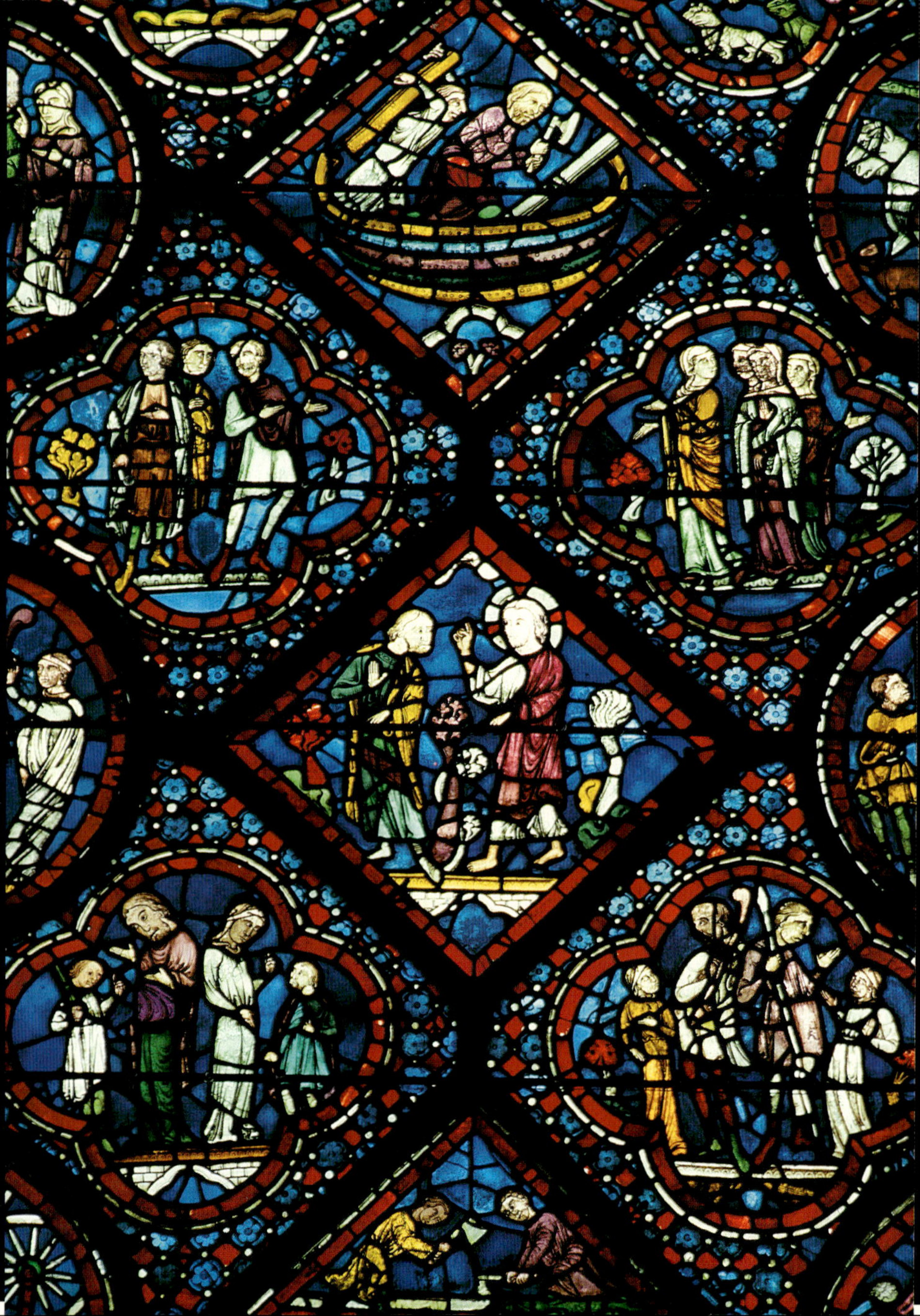

Verrières basses
de la nef côté nord :
Noé et saint Lubin.

Les vitraux de la cathédrale de Chartres constituent la plus grande collection de France, par la beauté comme par l'ancienneté. Il convient de distinguer les 3 vitraux de la façade occidentale, exécutés vers 1150-1155, des 172 autres vitraux du reste de l'édifice, mis en œuvre entre 1200 et 1235.

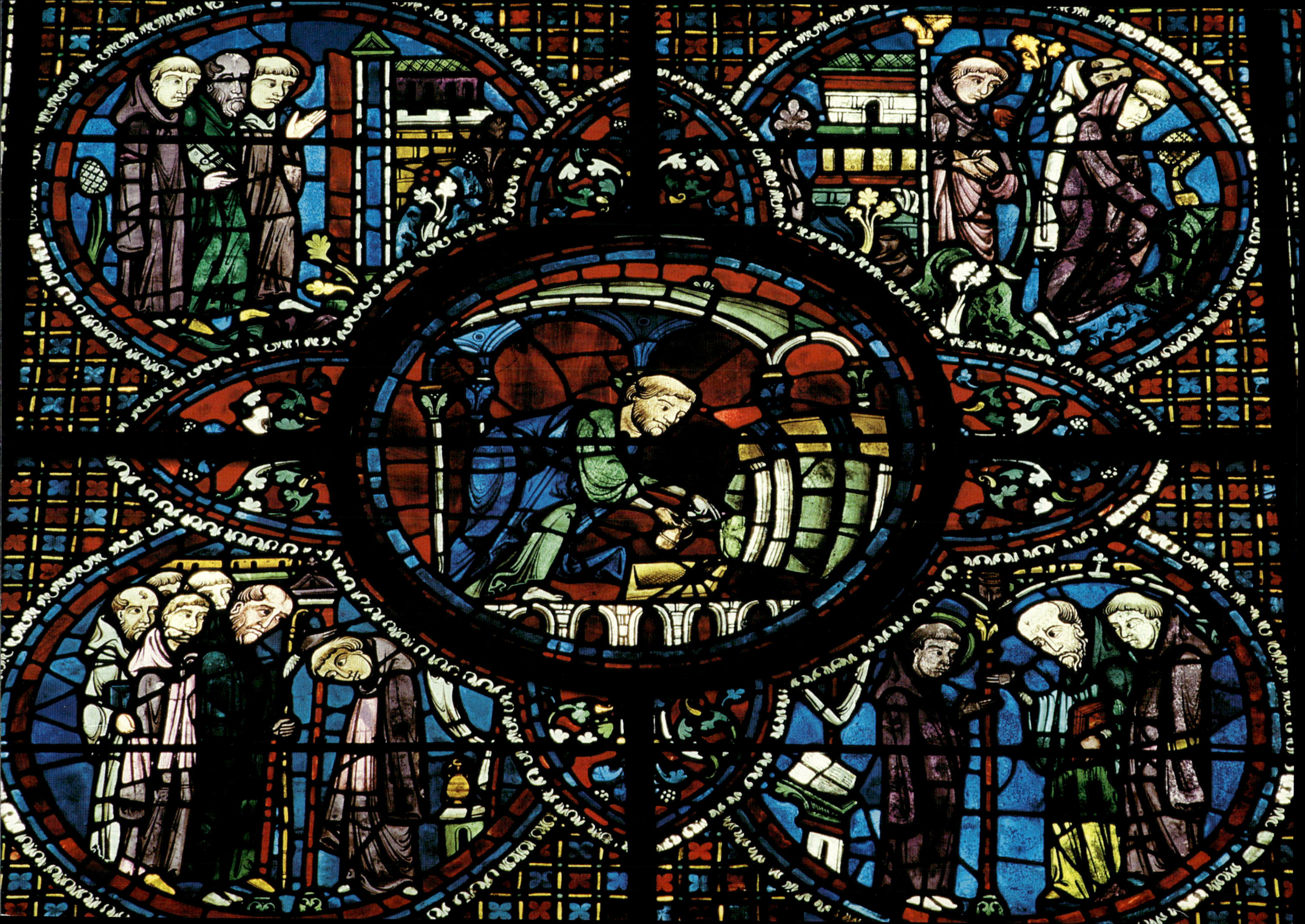

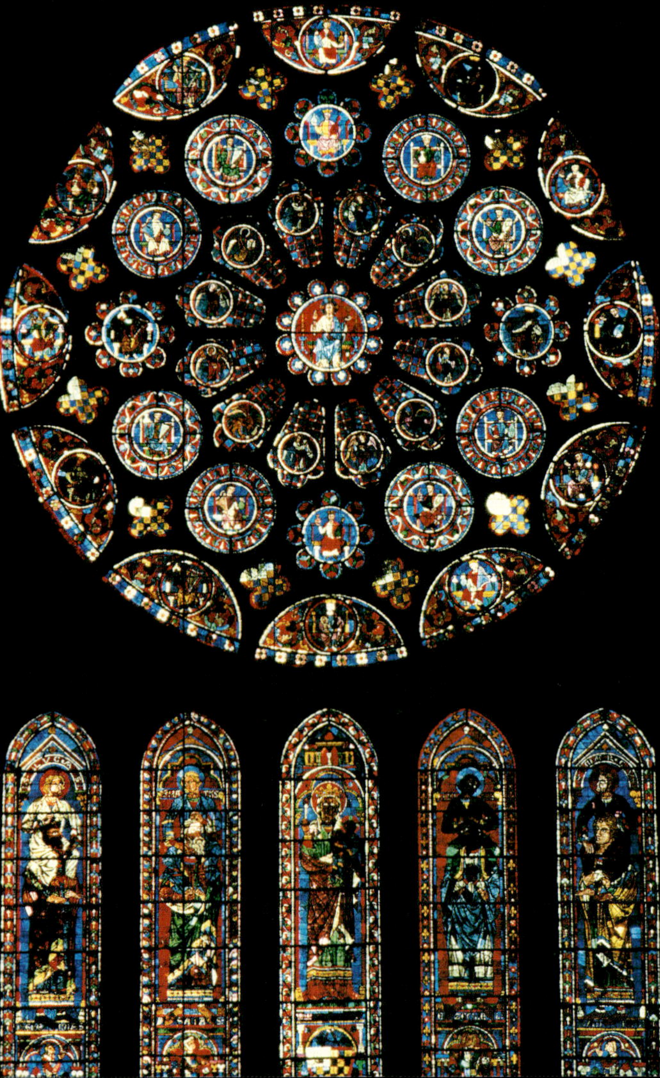

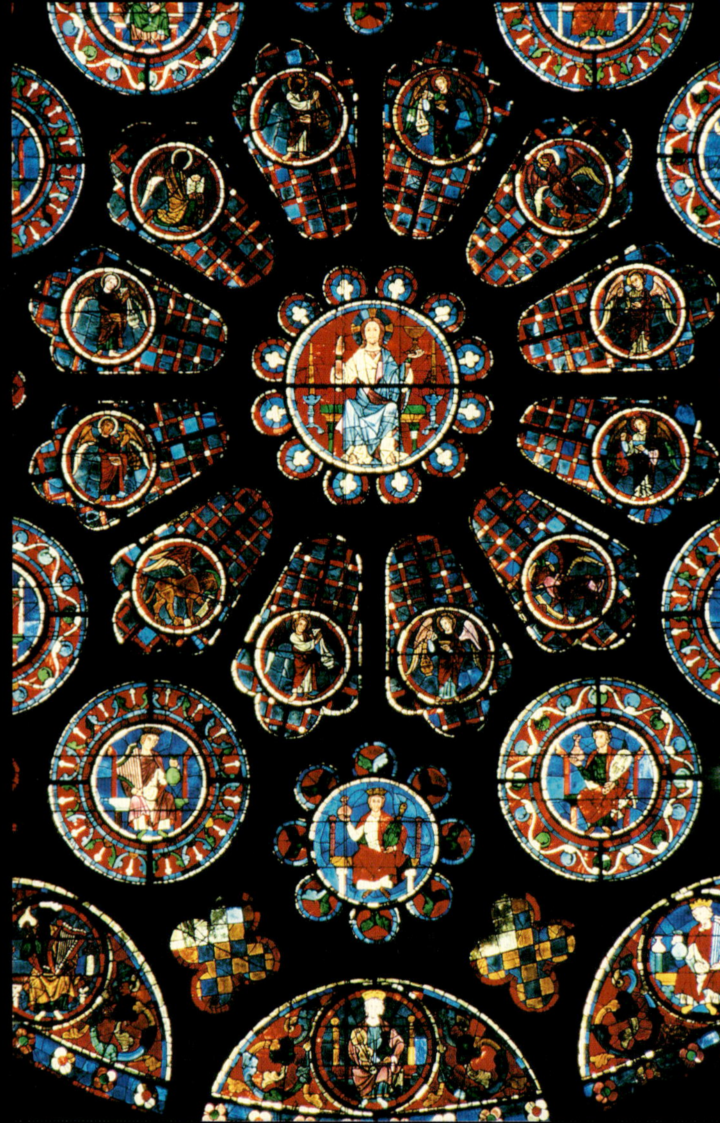

Bras sud du transept : la grande rose et les lancettes évoquant l'Apocalypse et la glorification du Christ.

Pierre Mauclerc, comte de Dreux, donateur de la grande rose méridionale (à droite).

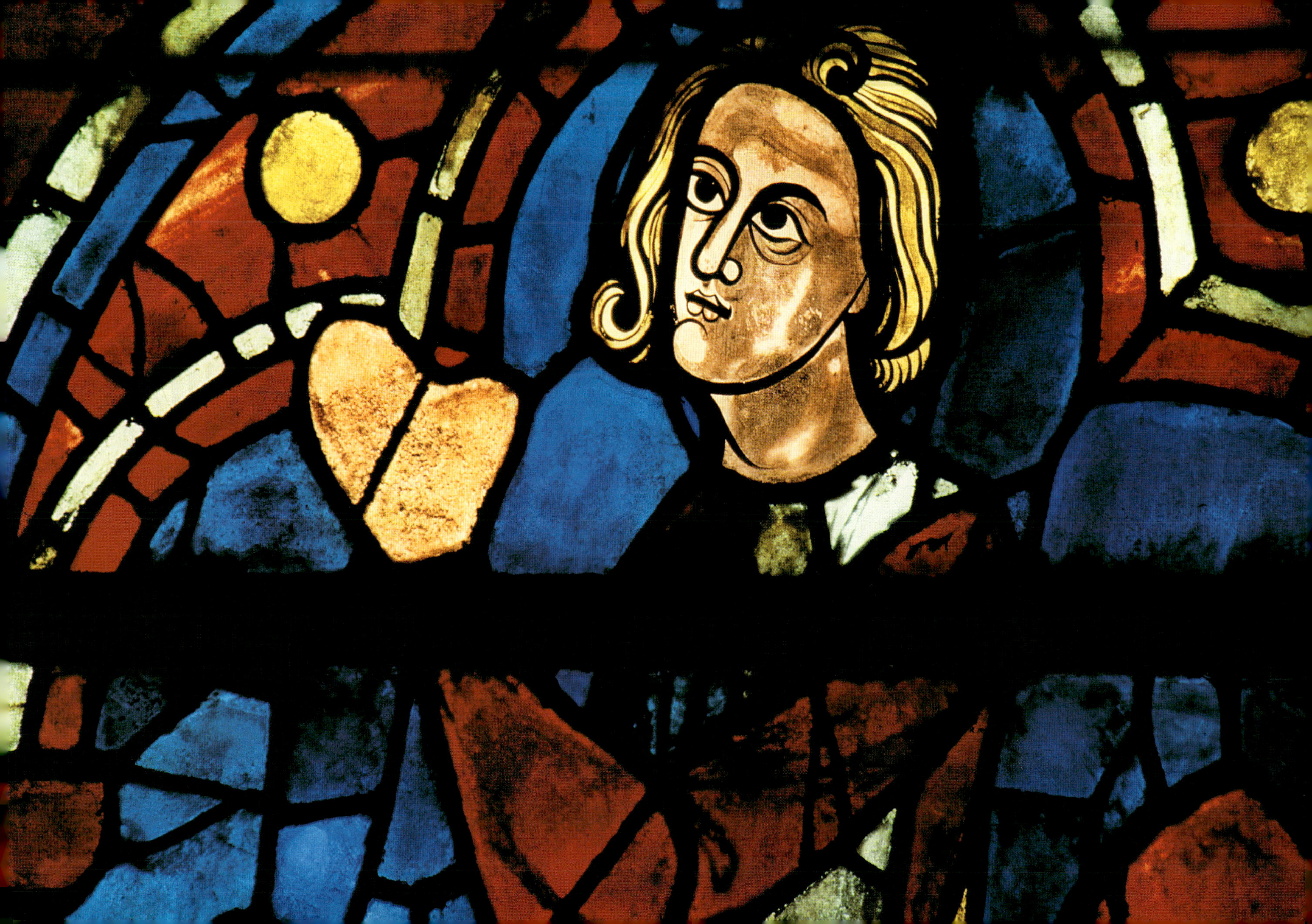

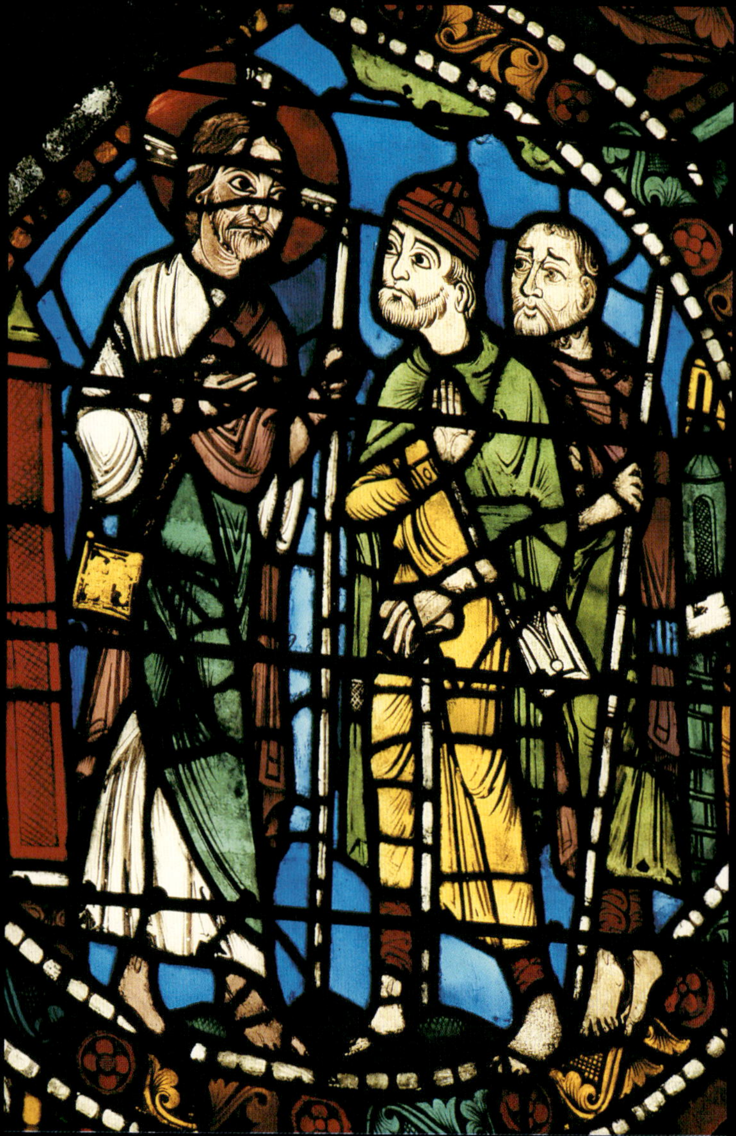

Le Christ au jardin des oliviers.

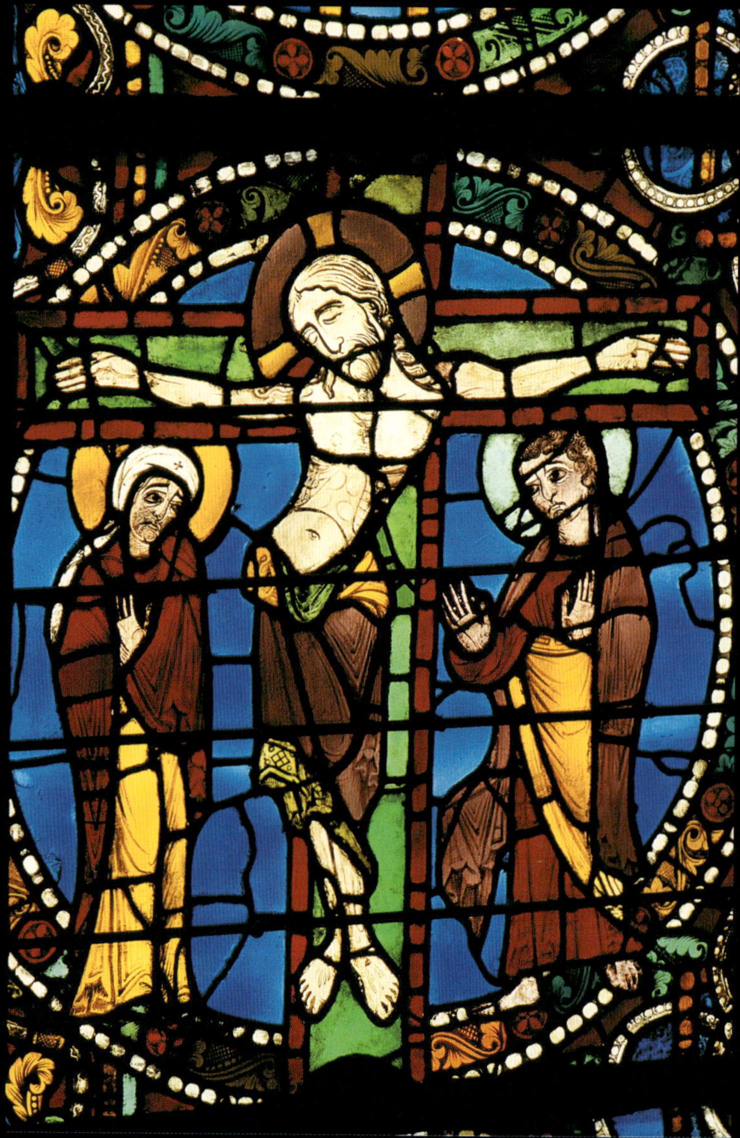

La Crucifixion.

Les vitraux de la façade occidentale.
Exécutés vers 1150-1155, les trois vitraux de la façade occidentale ont survécu au terrible incendie de 1194. Il s'agit d'un ensemble unique au monde car il subsiste fort peu de vitraux aussi anciens.
Le secret de la fabrication du fameux "bleu de Chartres", utilisé uniquement dans ces trois vitraux, aurait été récemment percé suite à des examens en laboratoire.

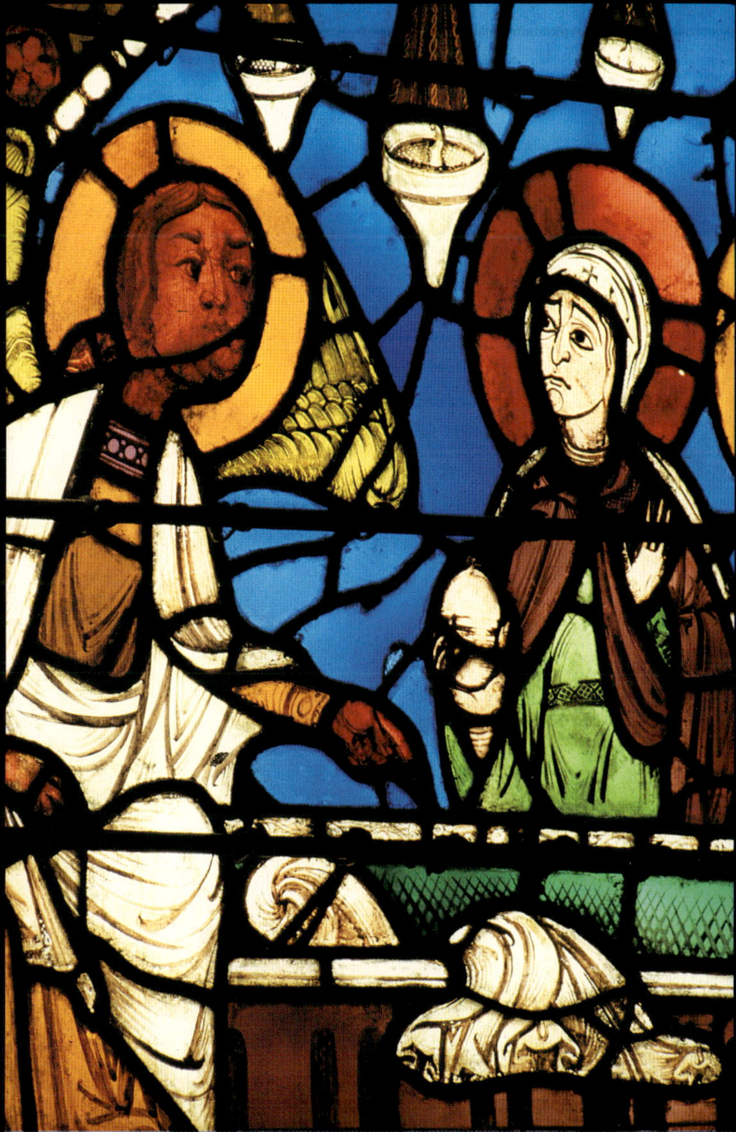

La Résurrection.

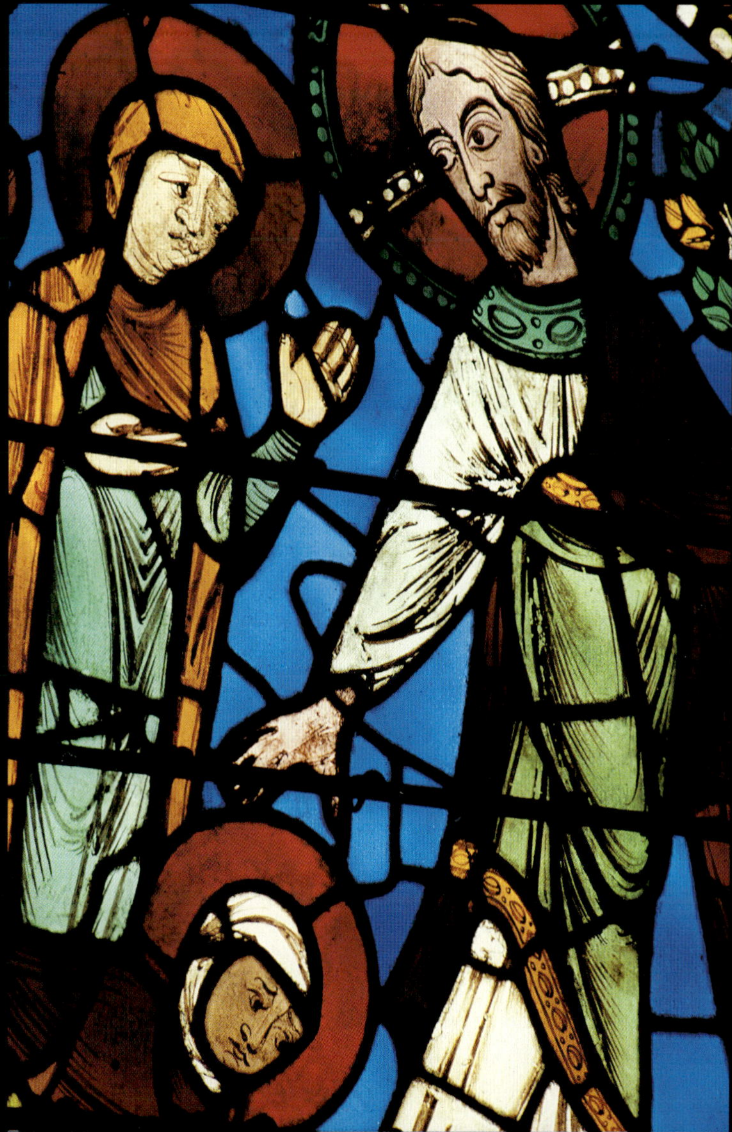

Le lavage des pieds du Christ par Marie Madeleine.

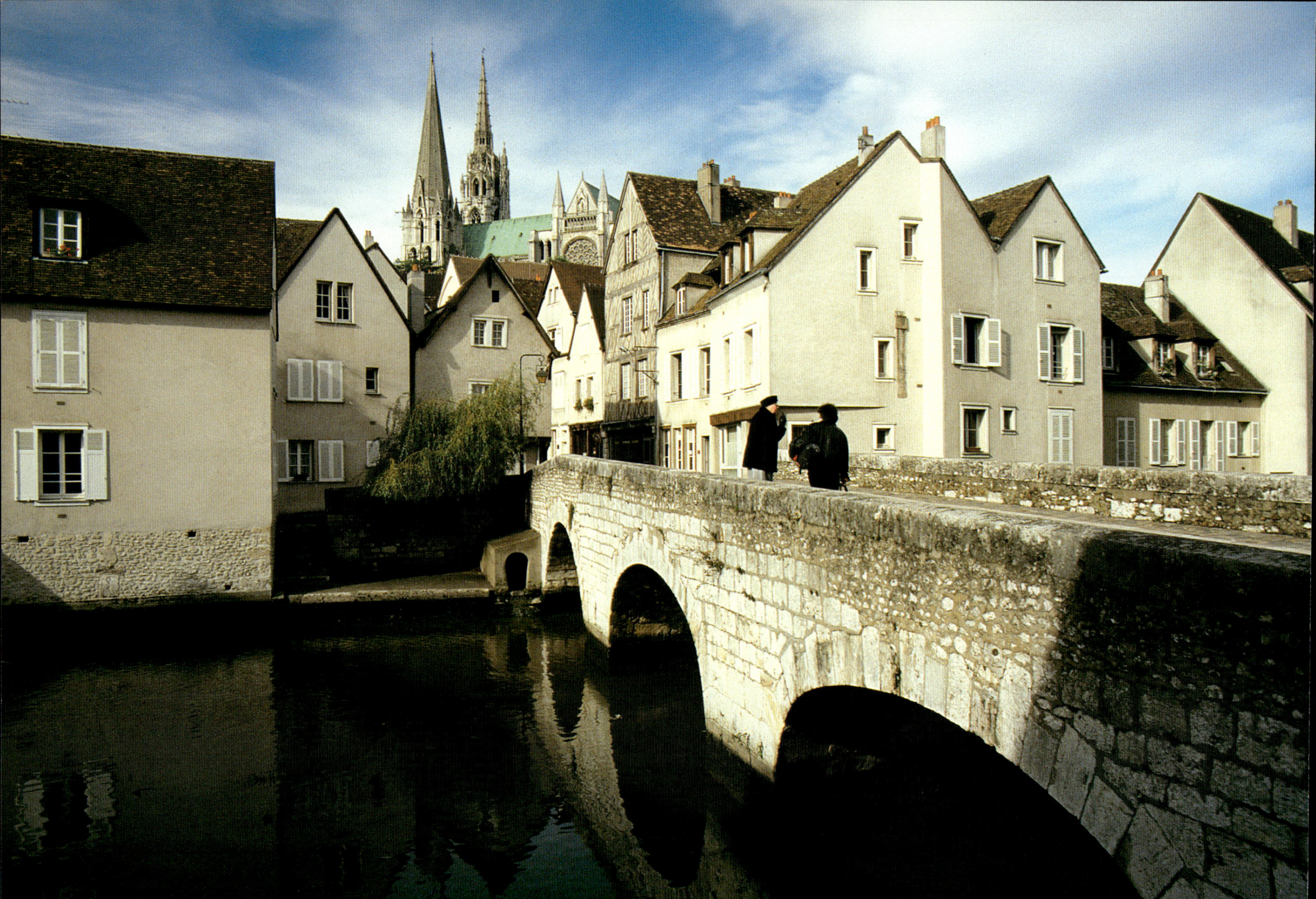

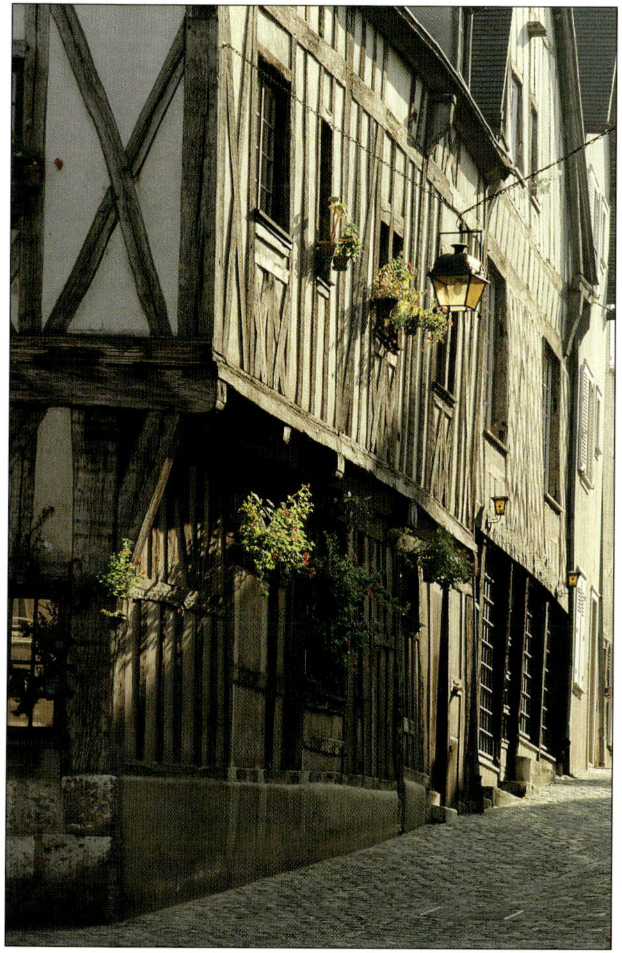

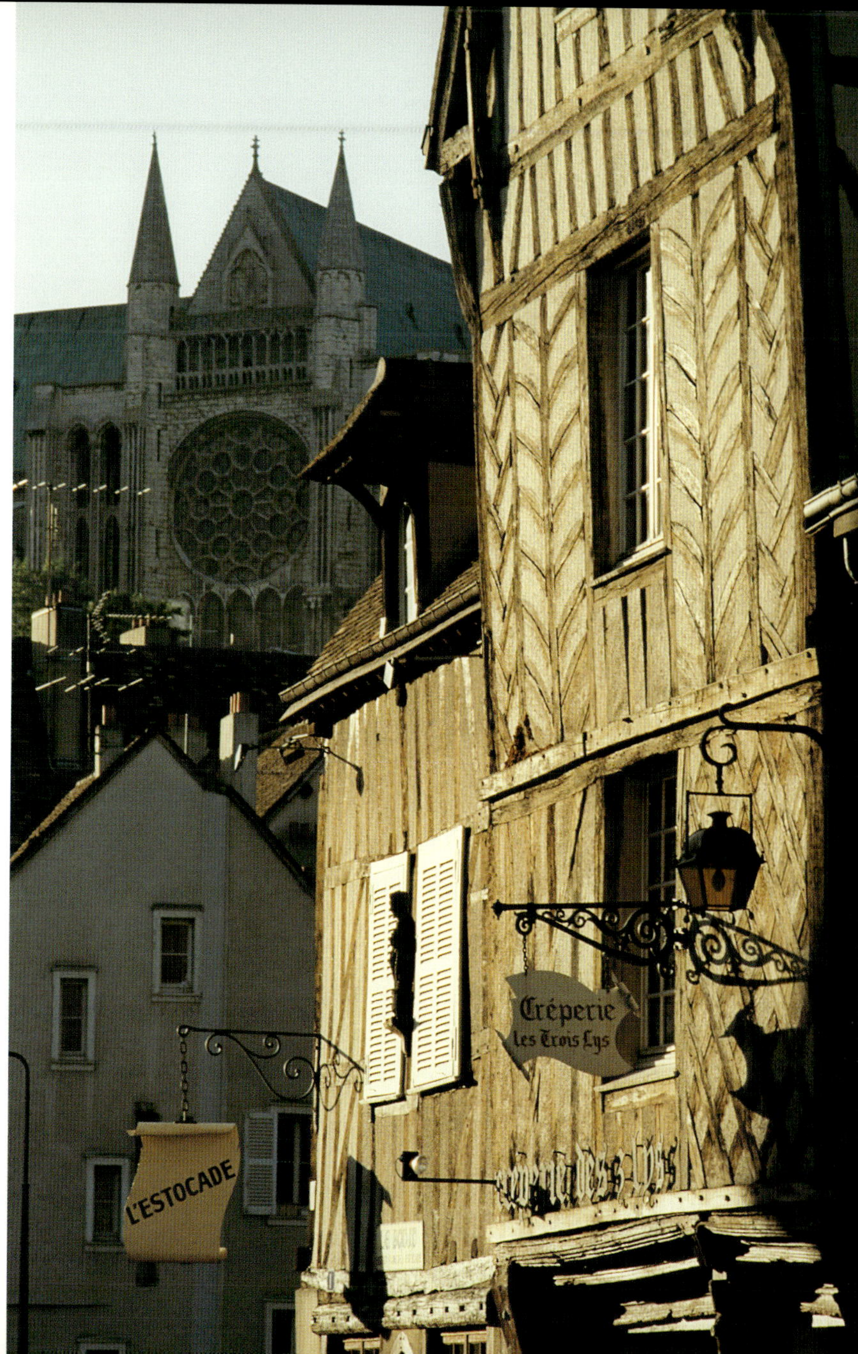

Vieux pont sur l'Eure et maisons à pans de bois.
Des ruelles pentues, voire des escaliers, relient la ville basse, arrosée par l'Eure, à la ville haute dominée par la cathédrale.

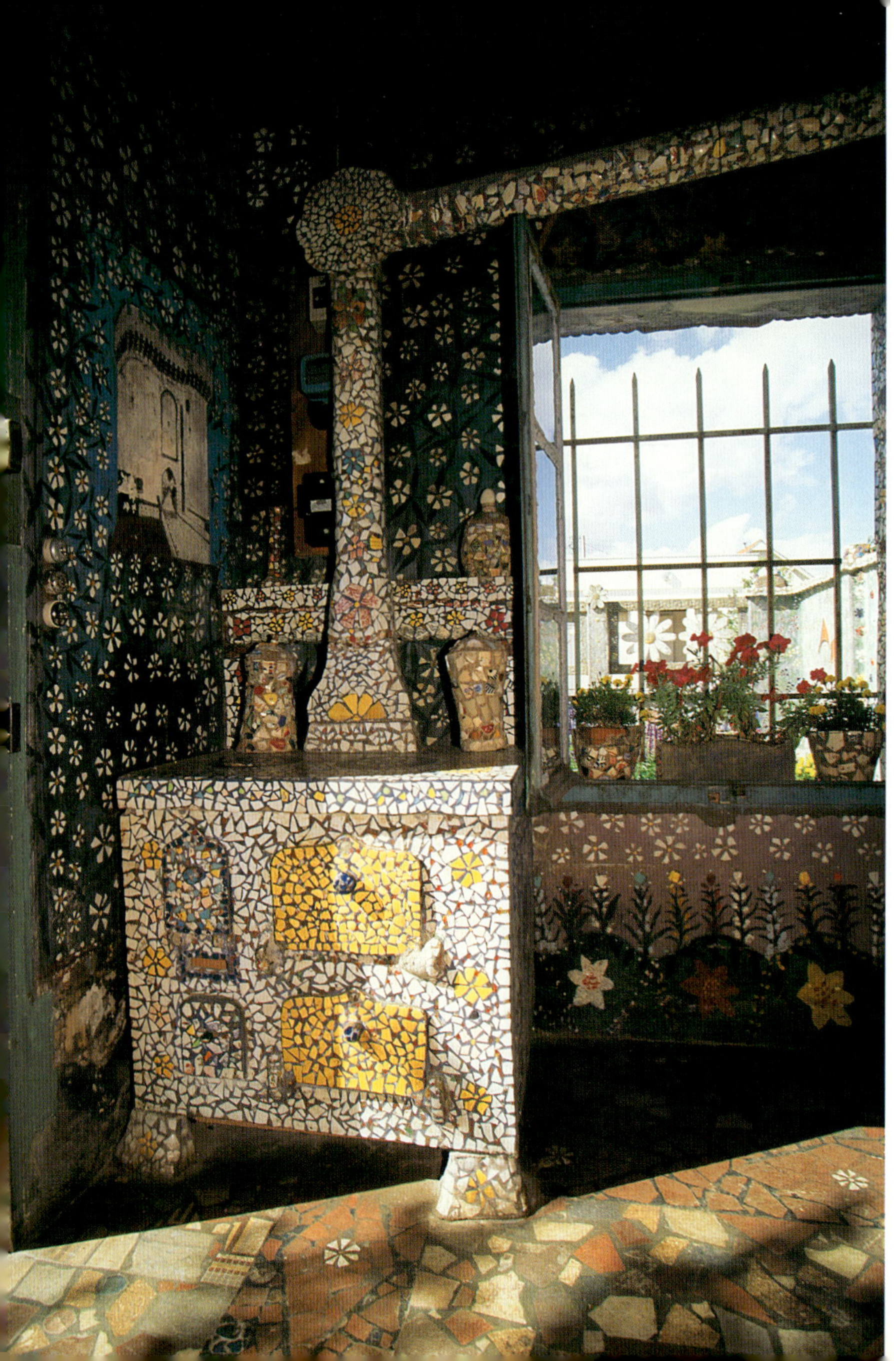

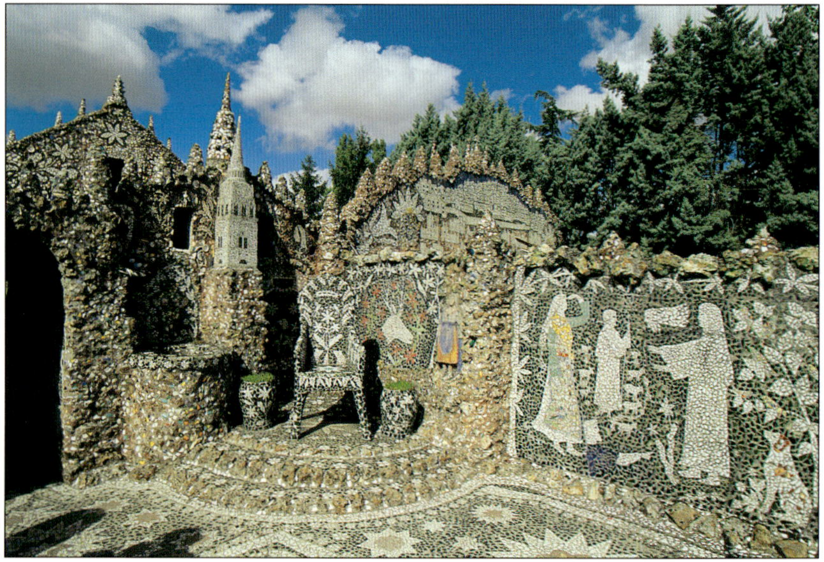

La maison Picassiette. *Après avoir construit lui-même cette maison en 1930, Raymond Isidore (1900-1964) l'a décorée entièrement à l'extérieur comme à l'intérieur avant de s'attaquer au jardin. Il a employé des morceaux de vaisselle et de verre brisés provenant de salles des ventes ou de décharges publiques, d'où le surnom "Pique-assiette", puis "Picassiette" qui lui a été donné. Son chef-d'œuvre a été acquis par la ville de Chartres en 1981 et a été classé Monument historique deux ans plus tard.*

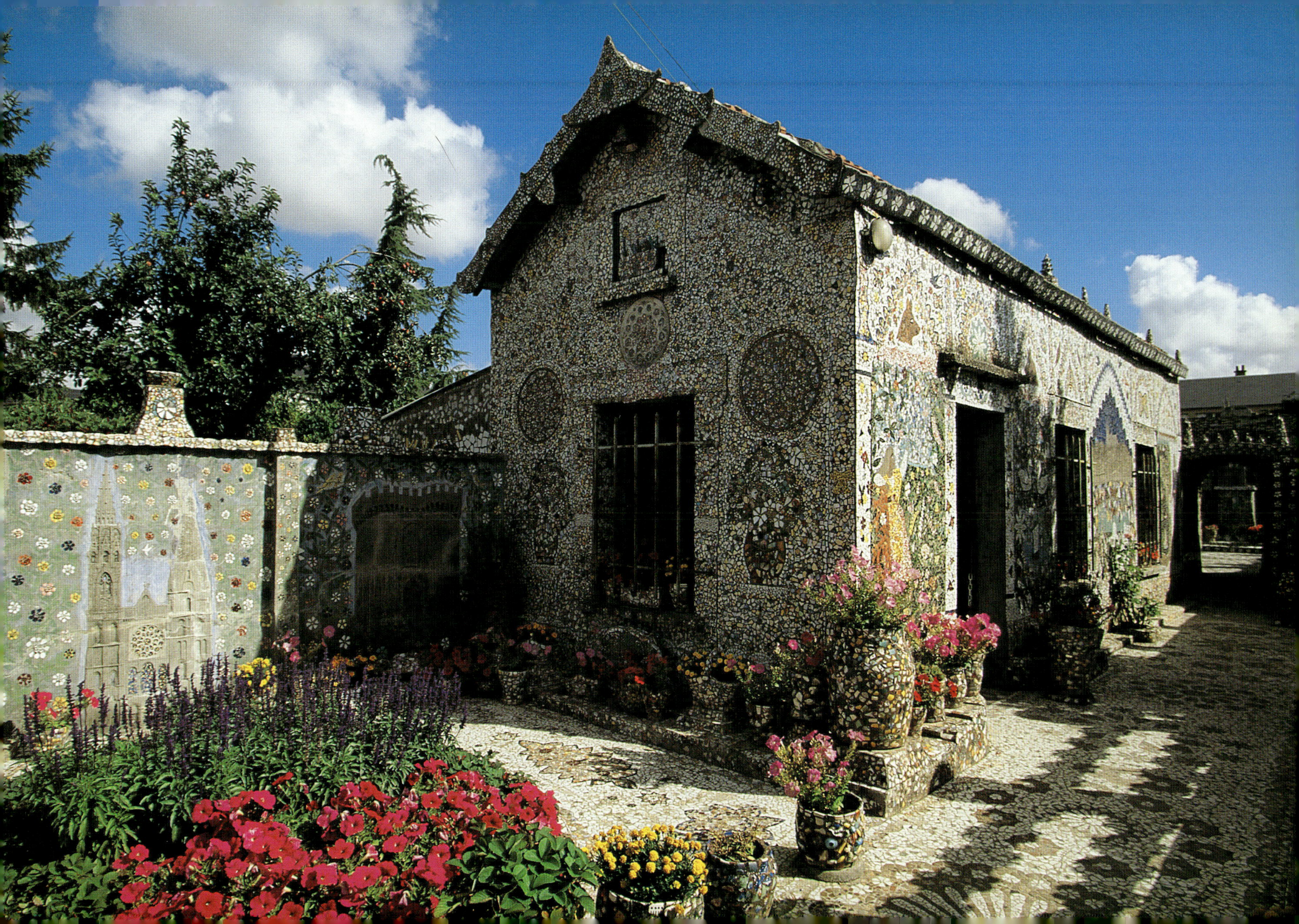

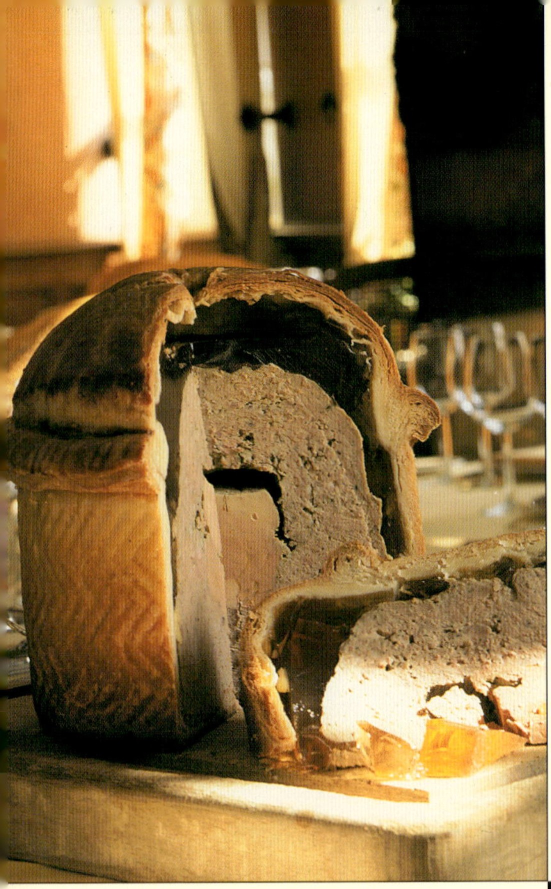

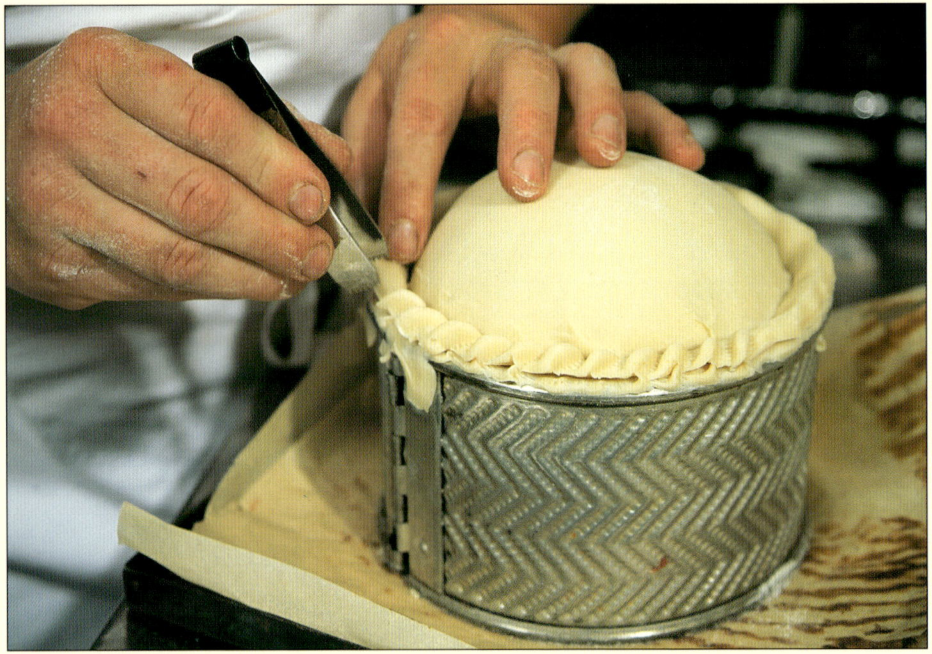

Michel Darreau plume ses perdreaux pour le pâté de Chartres.
À l'origine, le pâté de Chartres était confectionné avec des pluviers-guignards tirés par les chasseurs de Beauce au cours de leur migration hivernale. Mais les guignards finirent par disparaître et on se rabattit successivement sur les grives et les vanneaux, puis sur les faisans et les perdreaux.

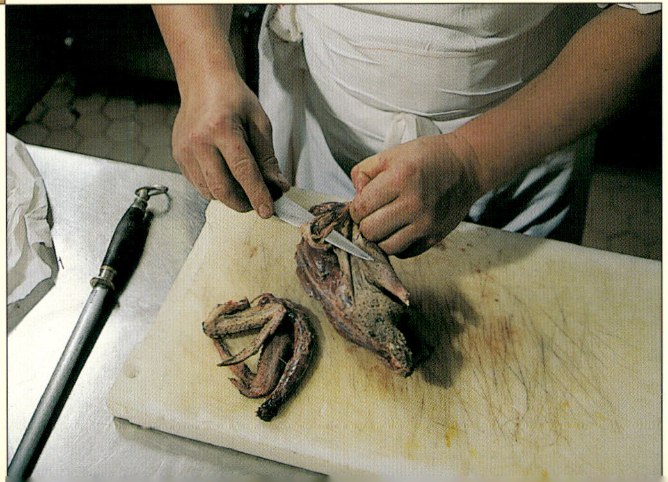

Michel Ménier, chef du *Grand Monarque*, prépare le pâté de Chartres.
L'une des spécialités gastronomiques les plus réputées de la région est ce pâté en croûte qui demeure l'entrée traditionnelle lors des cérémonies familiales beauceronnes.

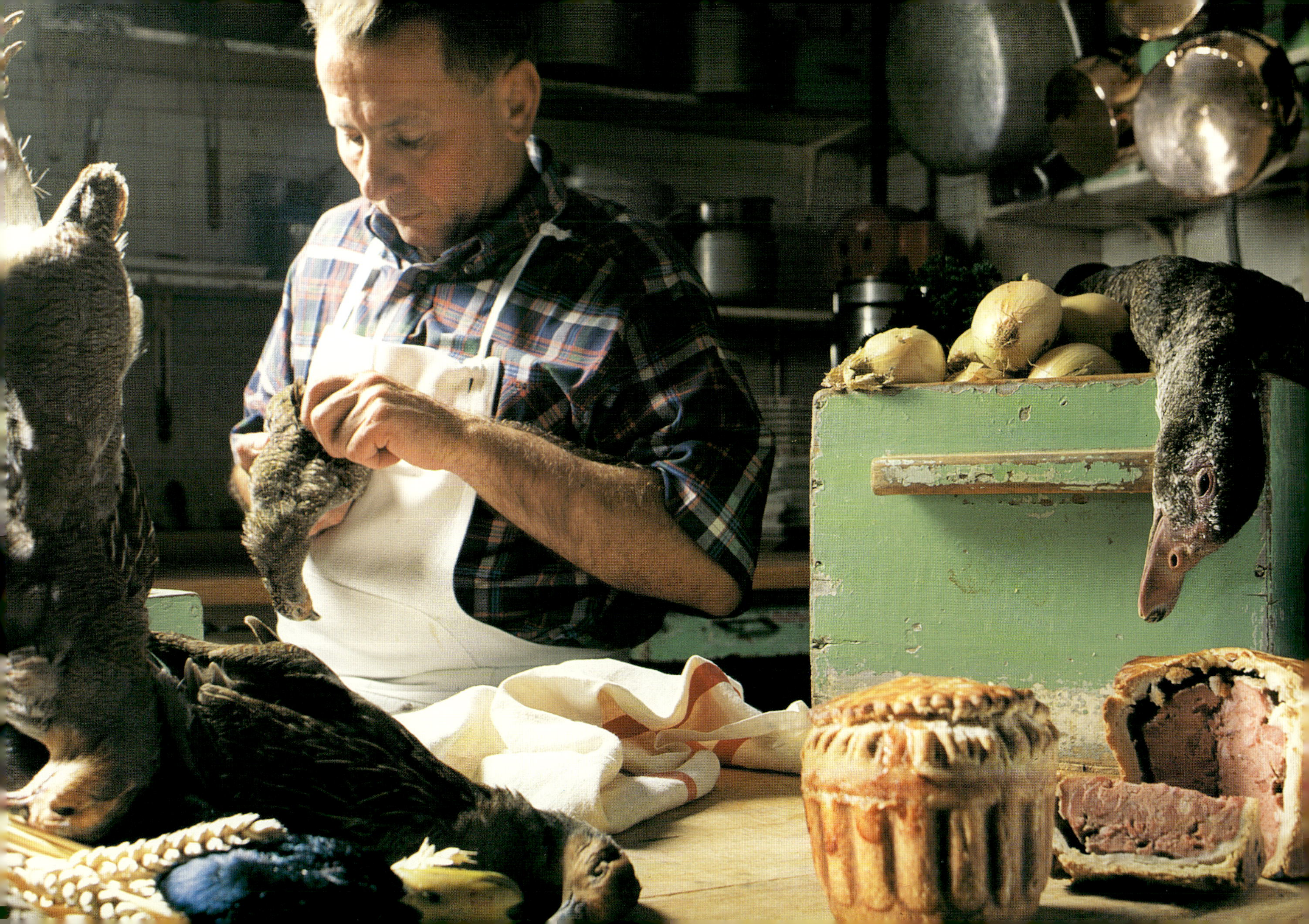

Grenier à blé de la France, la Beauce déploie sa vaste plaine dans la partie méridionale du bassin parisien, sur un triangle de 328 000 ha englobant le quart sud-est de l'Eure-et-Loir et la frange nord-ouest du Loiret. C'est dans une ferme de Romilly-sur-Aigre, en Beauce dunoise, qu'Émile Zola a planté le décor de son roman *La Terre* où il dresse un portrait lucide du monde paysan à la fin du XIXe siècle.

La Beauce doit sa fertilité à l'assèchement d'un immense lac qui a laissé place, au Tertiaire, à une dalle calcaire recouverte, au Quaternaire, d'une épaisse couche de limon déposée par le vent. Elle est mise en valeur dès l'époque gallo-romaine avec le défrichement des terres et la créa-

II. LA BEAUCE

tion de propriétés rurales : les fameuses *villae*. Ces dernières deviennent par la suite des domaines francs, ce qui explique les noms des fermes, comme ceux des villages et des hameaux, se terminant en ville. Au Moyen Âge, les grandes fermes sont souvent proches d'une abbaye, d'une commanderie ou d'un château dont elles dépendent, alors qu'elles appartiennent aujourd'hui, en tout ou partie, aux agriculteurs qui les exploitent. Les terres que les agriculteurs cultivent sans en être propriétaires sont en fermage. Les parcelles géométriques sont immenses, parfois plus de 100 ha, et l'habitat en zone rurale très dispersé, moins de 7 habitants au km^2 dans les cantons d'Orgères et de Voves.

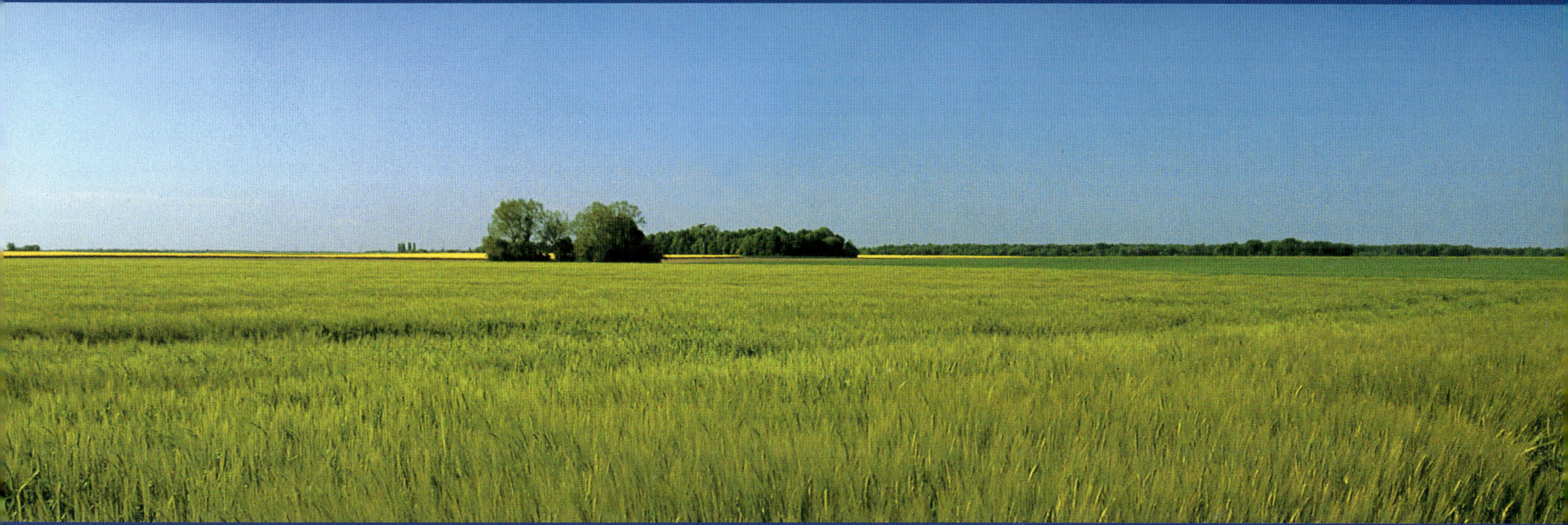

Champs de céréales et ferme isolée dans la plaine de Beauce.

Terre de culture, la Beauce a longtemps été une terre d'élevage. Au milieu du XIXe siècle, environ 800 000 moutons mérinos y paissent toute l'année sur des jachères. Ils produisent de la viande, de la laine et fument les sols. L'introduction dans l'assolement des engrais artificiels entraîne, à partir des années 1935-1940, la suppression progressive de la jachère et de l'élevage ovin. Les rendements en blé s'envolent et passent, en quelques décennies, de 30 à plus de 100 quintaux à l'hectare. La multiplication des forages permet, à partir des années 1970, le développement de la culture du maïs. Les céréales sont les reines de la Beauce. En 1992, la réforme de la PAC (Politique agricole commune) modifie le paysage agricole. Elle instaure de 10 à 20 % de jachères obligatoires où les cultivateurs sont néanmoins autorisés à produire des plantes industrielles comme le colza diester, la betterave éthanol ou le lin oléagineux. L'abaissement du prix du grain et l'encadrement de l'utilisation des engrais azotés, responsable de la présence de nitrates dans la nappe phréatique, expliquent que le blé tendre détrône bientôt le blé dur, et que l'orge concurrence le maïs. Les productions de betteraves, de pommes de terre et de semences demeurent stables.

L'habitat rural comprend à la fois des villages, des hameaux et de nombreuses grandes fermes isolées. Concentrées autour d'une place ou étalées autour des carrefours, les maisons des petits villages et des hameaux se sont implantées sans suivre un plan réel d'organisation. Les hauts murs de clôture derrière lesquels elles se cachent renforcent le sentiment de vide créé par l'absence de structure comme de relief. Les gros villages, souvent des chefs-lieux de canton, se sont développés autour des places accueillant les marchés instaurés au Moyen Âge par les grands propriétaires laïcs ou religieux. L'agriculteur y trouve aujourd'hui à la fois l'agence du Crédit Agricole, le siège de la coopérative et les concessionnaires de machines agricoles. La grande ferme est souvent construite sur les fondations d'un prieuré ou d'une place forte dont elle conserve, à l'occasion, des vestiges défensifs. Sa configuration est toujours la même. Sa cour fermée est formée par le logis et par les différents bâtiments d'exploitation, les écuries, les étables, les bergeries, les granges et le pigeonnier, reconvertis pour la plupart dans le stockage du petit matériel, des engrais ou des produits de traitement. La mare trônant dans la cour continue d'être entretenue dans de nombreuses fermes. Elle servait à l'origine d'abreuvoir et de réserve d'eau contre les incendies. Le verger et le jardin jouxtant le corps de ferme sont de moindre dimension qu'autrefois. Ils étaient en effet destinés, avant la mécanisation, à nourrir un important personnel.

Le paysage beauceron est marqué par le passage des lignes électriques haute tension, dont les pylônes se détachent loin à l'horizon, et par la présence d'environ 500 grands silos destinés au stockage des récoltes de céréales. Les cylindres de béton ou de métal longeant les voies ferrées sont surtout voués à l'exportation. L'industrialisation des minoteries a progressivement eu raison des quelque 800 moulins à vent que comptait la Beauce au début du XIXe siècle. C'est à partir du XIe siècle que les ailes des moulins à vent remplacent la traction animale, voire humaine avec le moulin à bras. Le type le plus ancien et le plus fréquent est le moulin pivot en bois. Sa cage, posée sur le pivot central, s'oriente face au vent grâce à la queue intégrant l'escalier externe. Le type le plus récent, apparu au XIVe siècle, est le moulin tour. Son fût fixe en pierres de taille et en moellons est coiffé d'un toit tournant qui porte les ailes et qui s'oriente par une queue ou un treuil intérieur. Il subsiste aujourd'hui une vingtaine de moulins à vent en Beauce.

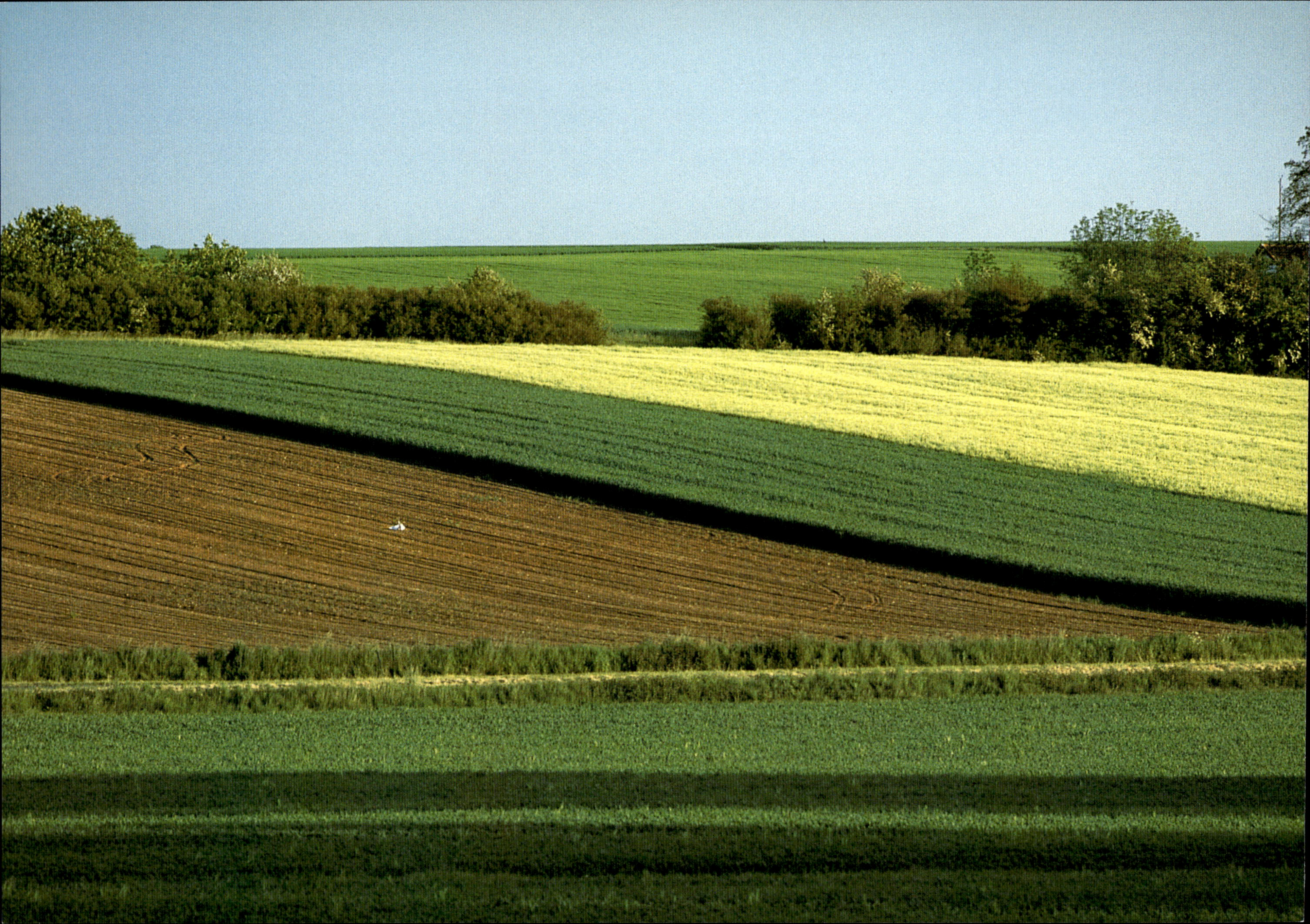

Paysages de la Beauce.

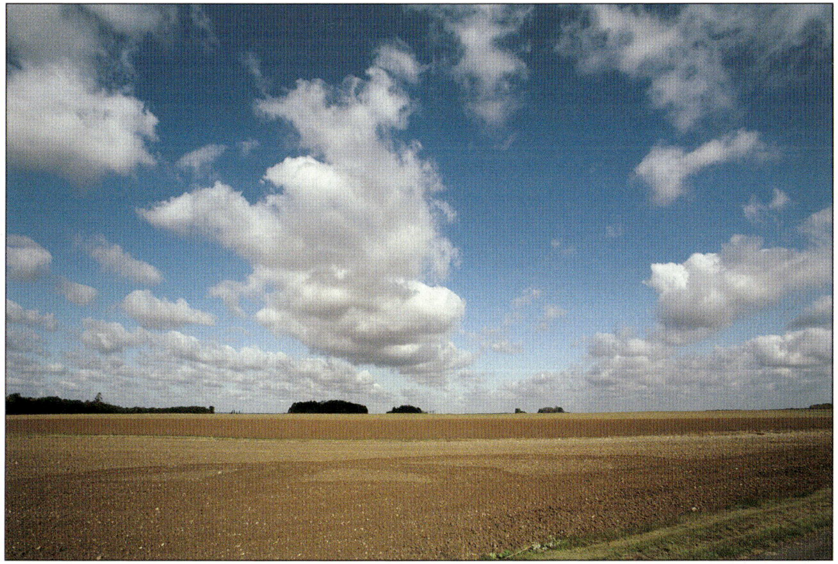

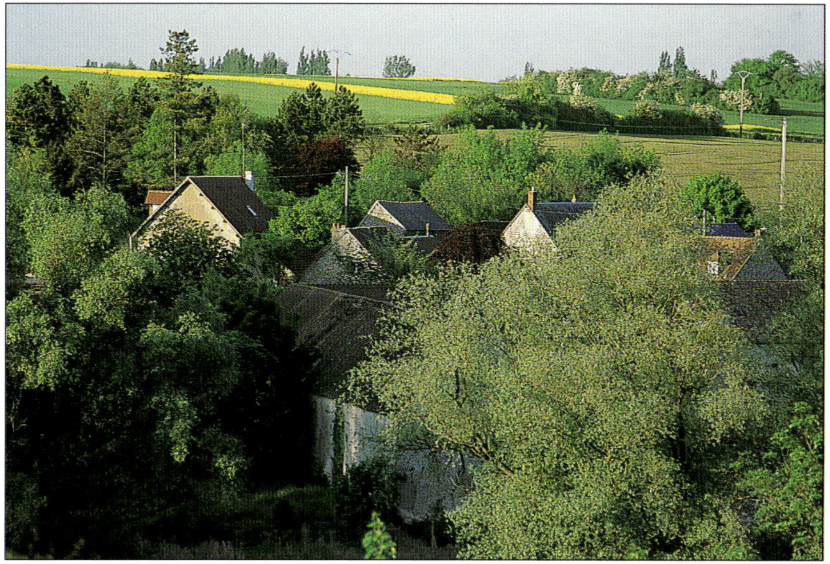

La plaine de Beauce (328 000 ha) se déploie sur une vaste dalle calcaire recouverte d'un manteau de limon déposé par le vent. Étale en son cœur, le paysage ondule à ses confins, à la rencontre des réseaux hydrographiques de l'Eure, de l'Essonne et du Loir.

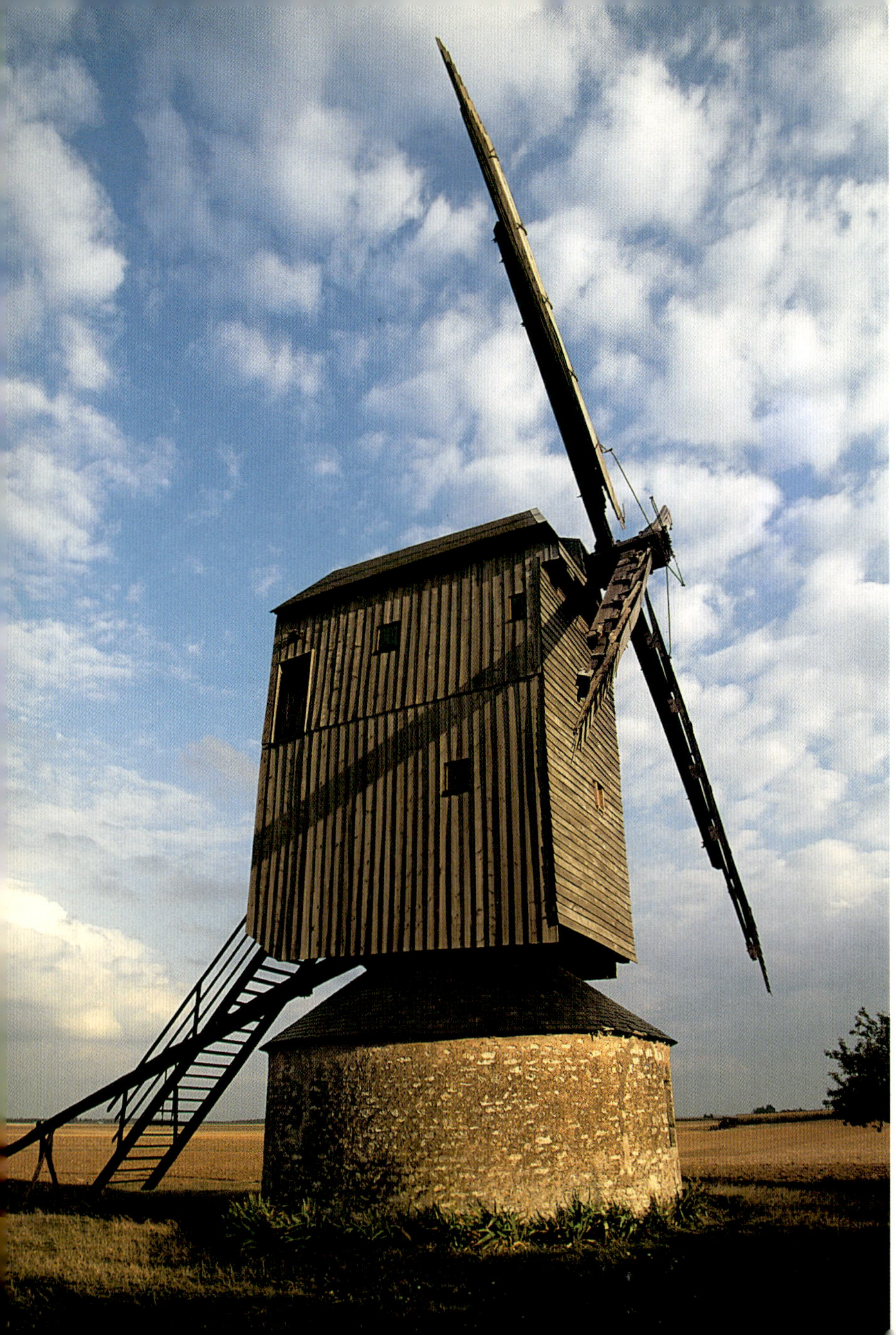

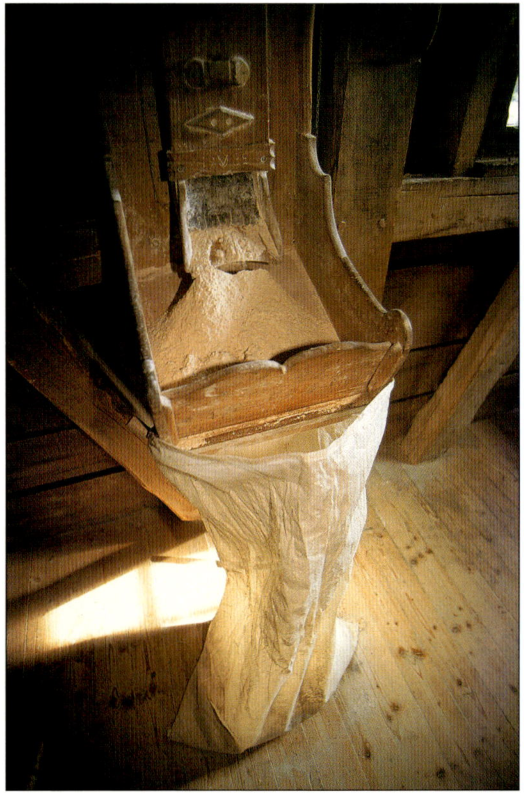

Moulins à vent à Leveslille-la-Chenard et à Bois-de-Feugères.
Sur les 816 moulins à vent recensés en Beauce lors de l'inventaire de 1806, il en subsiste une vingtaine aujourd'hui. On distingue le moulin à pivot, dont la cage s'oriente face au vent, du moulin tour, dont seul le toit tournant est mobile.

Champs de la Beauce après la moisson.
Grenier à blé de la France, la Beauce affiche des rendements exceptionnels, jusqu'à 100 quintaux à l'hectare, alors que le rendement moyen est de l'ordre de 75 quintaux à l'hectare dans l'hexagone.

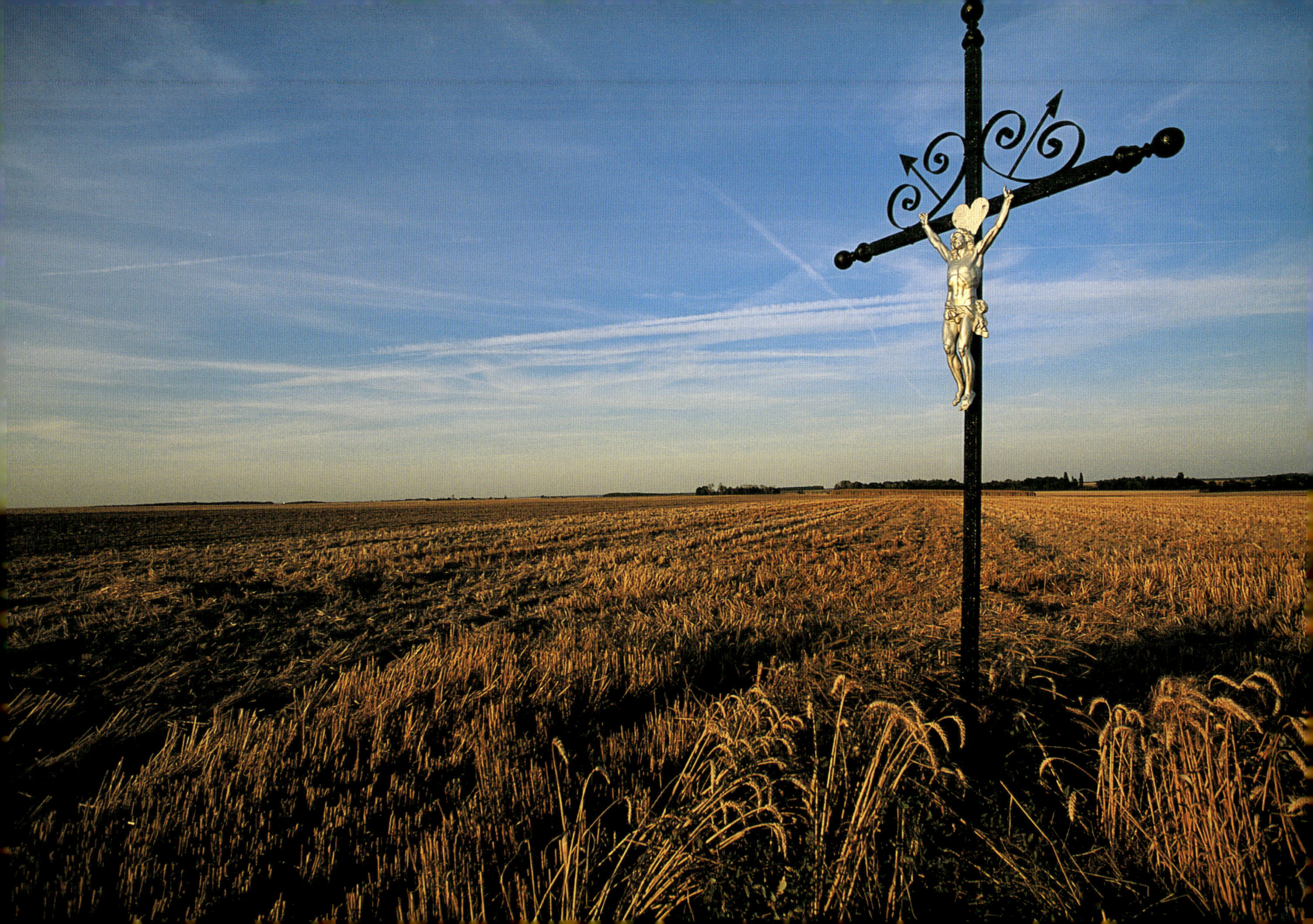

L'Eure naît dans le Perche, au partage des bassins versants de la Seine et de la Loire. Ses eaux issues d'un chapelet d'étangs descendent vers l'est, au creux de collines boisées et bocagères, puis bifurquent vers le nord en traversant la plaine de Beauce. L'Eure ne devient une véritable rivière qu'au nord de Chartres. Sa vallée creusée dans la dalle calcaire beauceronne prend alors suffisamment d'ampleur pour accueillir, entre ses coteaux autrefois couverts de vignobles, villes, villages et châteaux.

Saint-Prest est un village aussi modeste que charmant. Le cours de l'Eure, animé par la présence d'un rare moulin à eau parfaitement restauré, invite à une promenade en barque. Servant jadis

III. LA VALLÉE DE L'EURE

Saint-Prest, Gallardon, Maintenon, Épernon, Nogent-le-Roi, Dreux, Anet

à transformer l'écorce de chêne en tan, à assouplir les étoffes de laine et à moudre la farine, la plupart des moulins à eau de la vallée ont été malheureusement démolis au début du XIXe siècle.

Gallardon se situe au confluent de la Voise et de la Remarde dont les eaux mêlées se jettent dans l'Eure à Maintenon. Louis XIV aurait passé une nuit dans la belle demeure dite "Petit Louvre", sise au cœur du vieux bourg. L'église Saint-Pierre-Saint-Paul, construite essentiellement aux XIe et XVIe siècles,

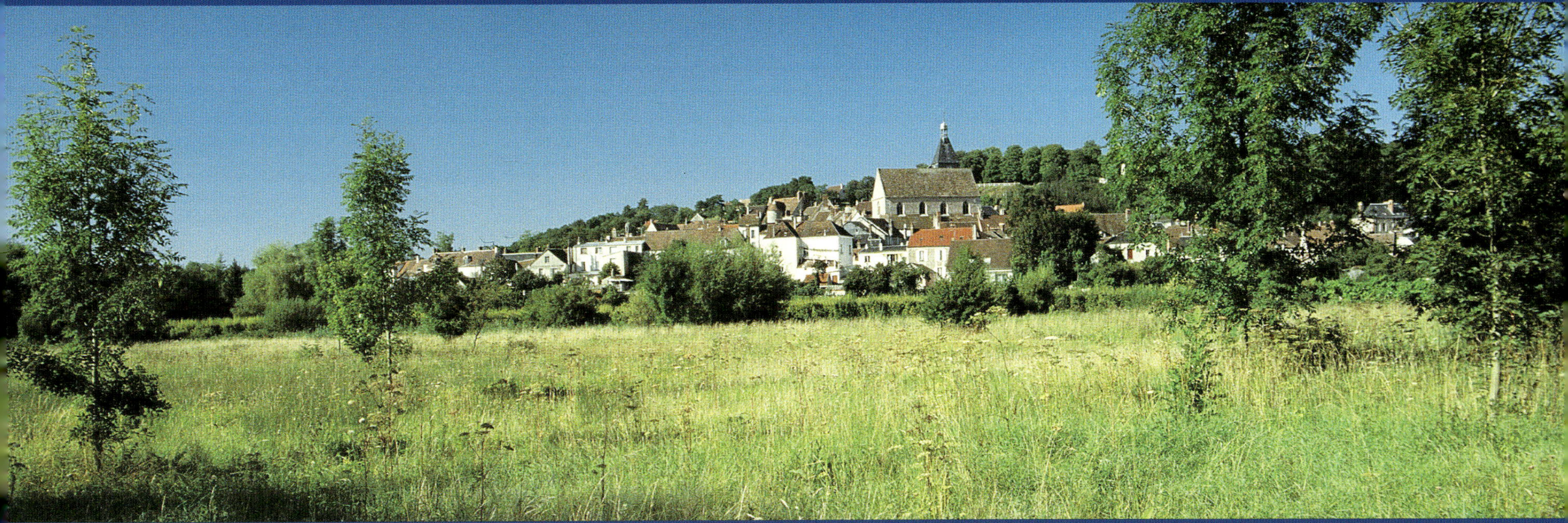

Épernon.

possède un chœur étonnamment haut par rapport à la nef. Cette dernière est couverte d'une voûte en bois peinte, en 1708, d'un gracieux décor polychrome. Il ne subsiste du donjon féodal du XIIe siècle qu'un pan de mur appelé l'"épaule de Gallardon".

Le château de Maintenon fut offert en 1674 par Louis XIV à sa favorite Françoise d'Aubigné, qui devint Madame la marquise de Maintenon en 1684, au lendemain d'un mariage célébré dans le plus grand secret. Le château de Maintenon est le mariage architectural réussi d'une tour carrée médiévale avec un logis Renaissance auquel la célèbre marquise adjoignit une aile afin de former un plan en U d'inspiration classique. Redessinés par Le Nôtre en 1676, les jardins constituent le cadre d'un récent parcours de golf avec, en toile de fond, les ruines romantiques du pont-aqueduc du canal de l'Eure. Cet ouvrage voulu par Louis XIV était destiné à détourner l'eau de l'Eure pour alimenter les fontaines du château de Versailles. Sa réalisation fut suspendue en raison d'un coût faramineux.

Épernon est un ancien centre d'extraction du grès qui s'est reconverti, en quelques décennies dans l'industrie pharmaceutique et l'emballage. Son vieux bourg recèle une ancienne grange dîmière datant du XIIIe siècle. Ce bâtiment semi-enterré appartenait aux religieuses des Hautes-Bruyères. Il abritait le produit de la dîme, notamment le blé, mais aussi des presses à vin dont l'utilisation était soumise à redevance. L'église paroissiale se distingue par sa belle charpente lambrissée.

Nogent-le-Roi tire son nom de son appartenance ancienne au domaine royal. Isabelle de Blois fit en effet donation, en 1218, à Philippe-Auguste de cette seigneurerie que Charles VII céda, en 1444, à Pierre de Brézé. Nogent-le-Roi doit à ce dernier le lancement de la construction de son église au chœur flamboyant mais à la nef inachevée. Face à l'édifice religieux, le quartier ancien conserve de belles maisons à pans de bois des XVe et XVIe siècles.

Dreux devint en 911, lors de la création du duché de Normandie, une cité assurant la défense des nouvelles frontières du royaume. Hugues Capet fit en conséquence bâtir à cette époque, sur les hauteurs du coteau, une forteresse qu'il donna, avec les terres du comté alentour, à son frère cadet Robert. La chapelle royale Saint-Louis se dresse aujourd'hui à l'emplacement de l'ancien château capétien. Édifiée dans la première moitié de XIXe siècle, elle réunit les sépultures de la famille d'Orléans. Située au carrefour de l'Île-de-France et de la Normandie, Dreux occupe une position économique stratégique. Cela favorisa hier l'enrichissement et l'émancipation des bourgeois, comme le montre le fier beffroi du XVIe siècle. Cela contribue, depuis les années 1960, à l'augmentation du nombre d'entreprises et à l'accroissement de la population, passée de 14 000 habitants en 1946 à 36 000 habitants aujourd'hui.

Le château d'Anet est d'abord le cadeau du roi Henri II à sa favorite Diane de Poitiers. Édifié à son intention de 1547 à 1555 par l'architecte Philibert De l'Orme, il constitue l'un des édifices majeurs de la Renaissance française. Il subit des remaniements importants aux XVIIe et XVIIIe siècles, notamment la surélévation de l'aile gauche et la construction de deux pavillons de style classique. Le Nôtre transforma de son côté les jardins et les entoura de canaux. Vendu comme bien national à la Révolution, le château perdit le corps de logis et l'aile droite jusqu'à ce que la population en colère, se soulevant contre l'acquéreur, protège ce qu'il reste. Malgré cela, Anet présente encore un immense intérêt, par l'originalité du portail couronné du groupe du Cerf et des Chiens, par la décoration de l'aile gauche survivante comme par l'audace de la chapelle Saint-Thomas.

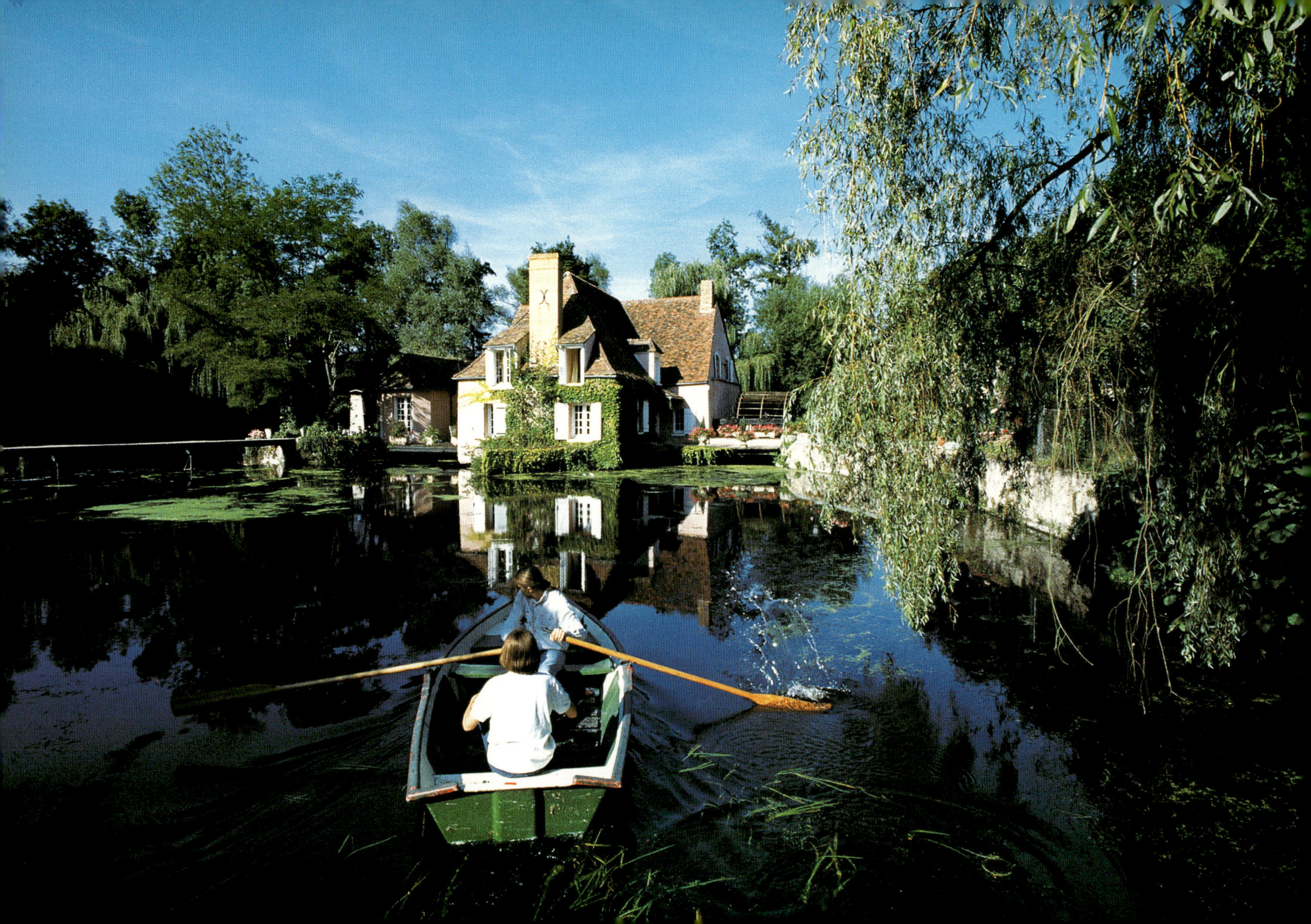

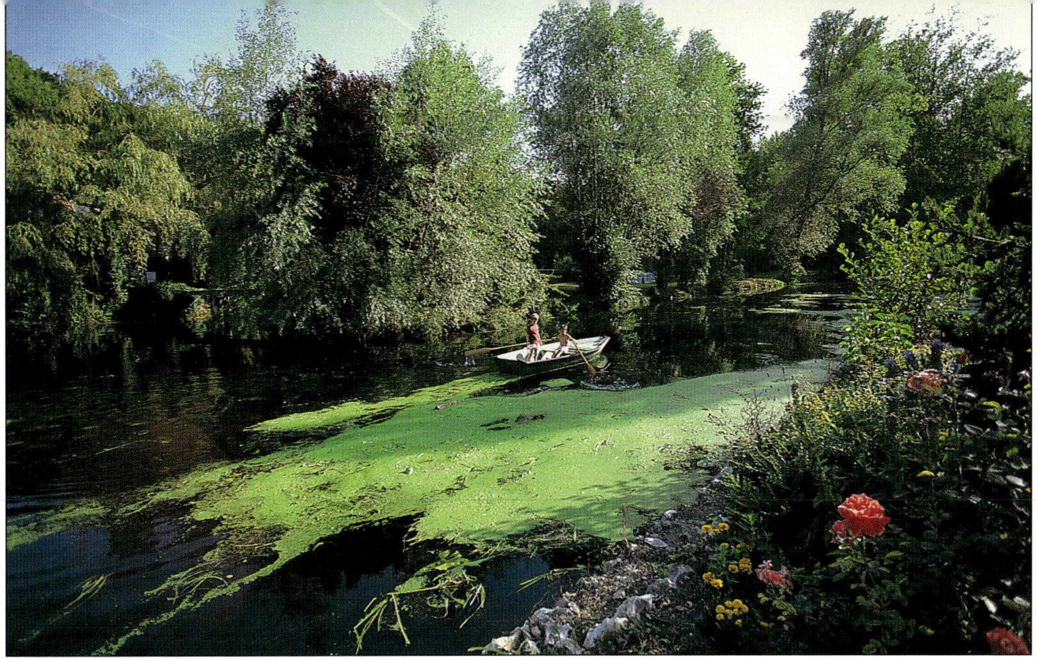

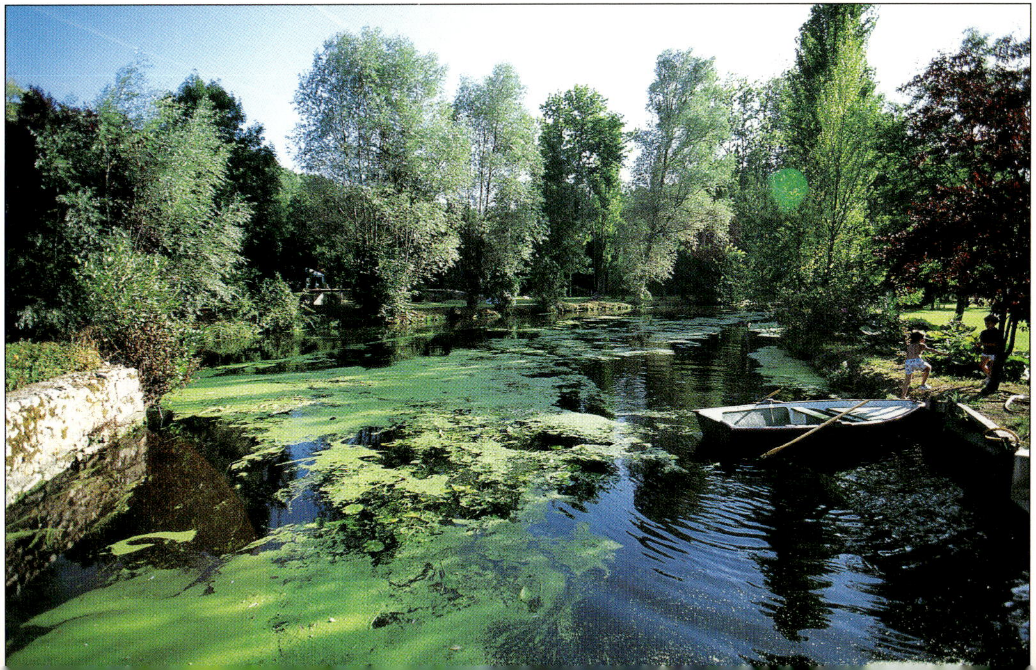

Promenade en barque à Saint-Prest.
Un élégant moulin à eau anime le cours de l'Eure à Saint-Prest. Démolis pour la plupart au début du XIXe siècle, les moulins à eau servaient auparavant à broyer l'écorce de chêne, à assouplir les étoffes et, bien sûr, à moudre la farine.

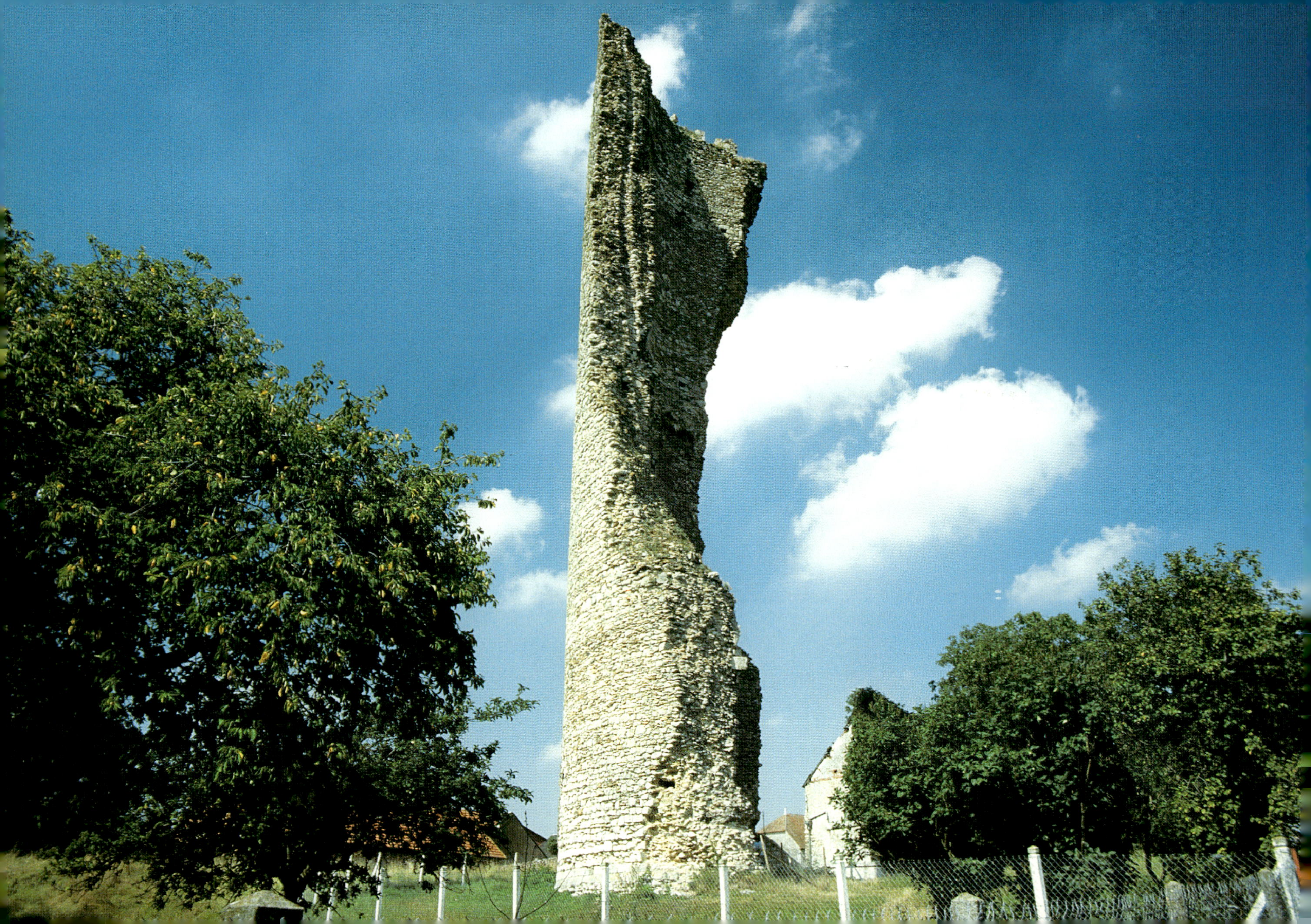

Gallardon : l'épaule et l'église.
Bâti vers 1135 par Hervé II de Gallardon, le château féodal a été sapé en 1442 par Jean de Dunois, fameux capitaine de Charles VII, afin d'éviter que la place ne retombe aux mains des Anglais. Il n'en subsiste qu'un pan de mur : l'épaule de Gallardon. L'église Saint-Pierre-Saint-Paul, élevée aux XIIe et XIIIe siècles, possède un chœur étonnamment haut par rapport à la nef. Cette dernière se distingue par sa belle voûte en bois peinte et sa charpente apparente animée d'amusantes têtes sculptées.

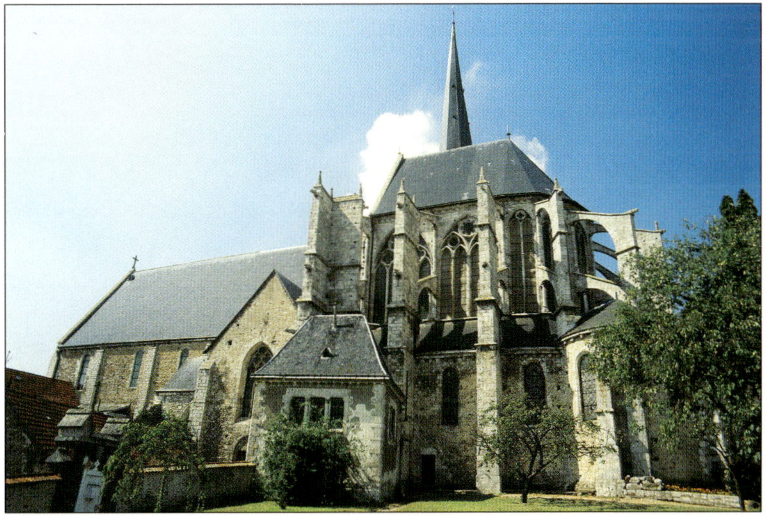

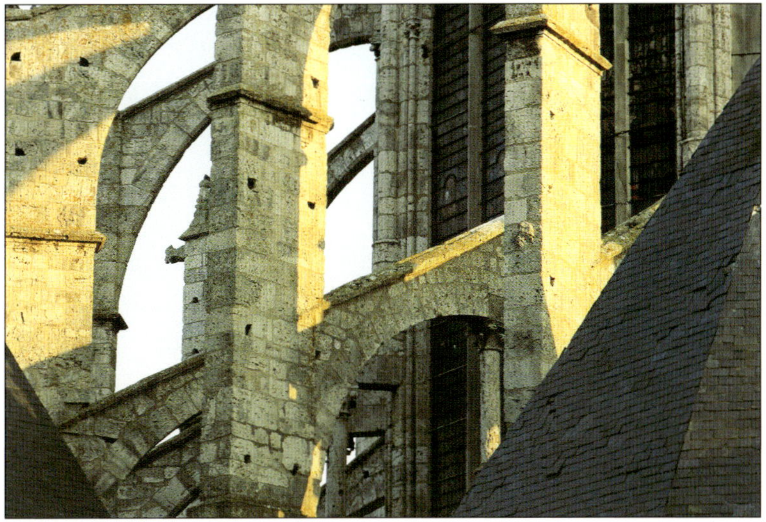

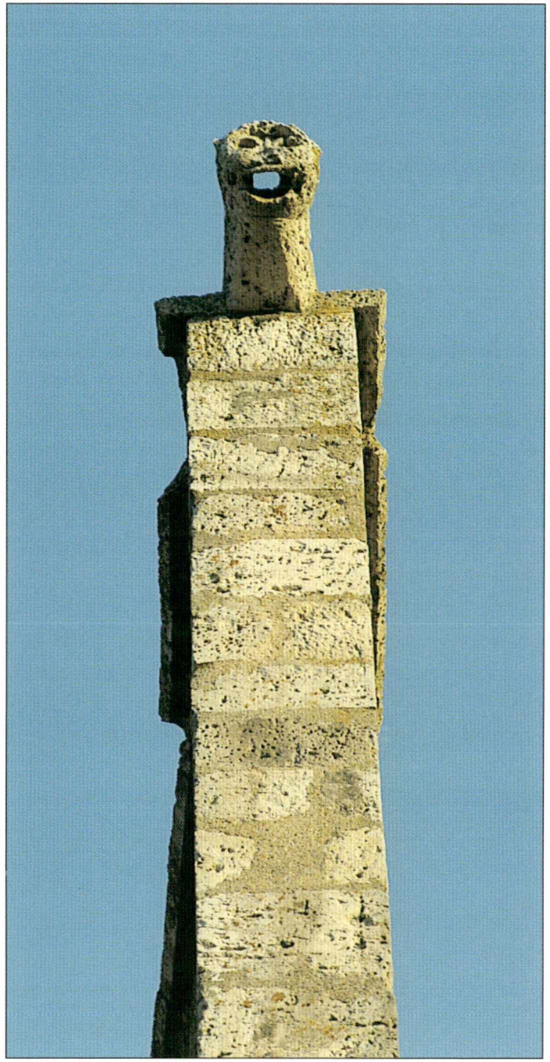

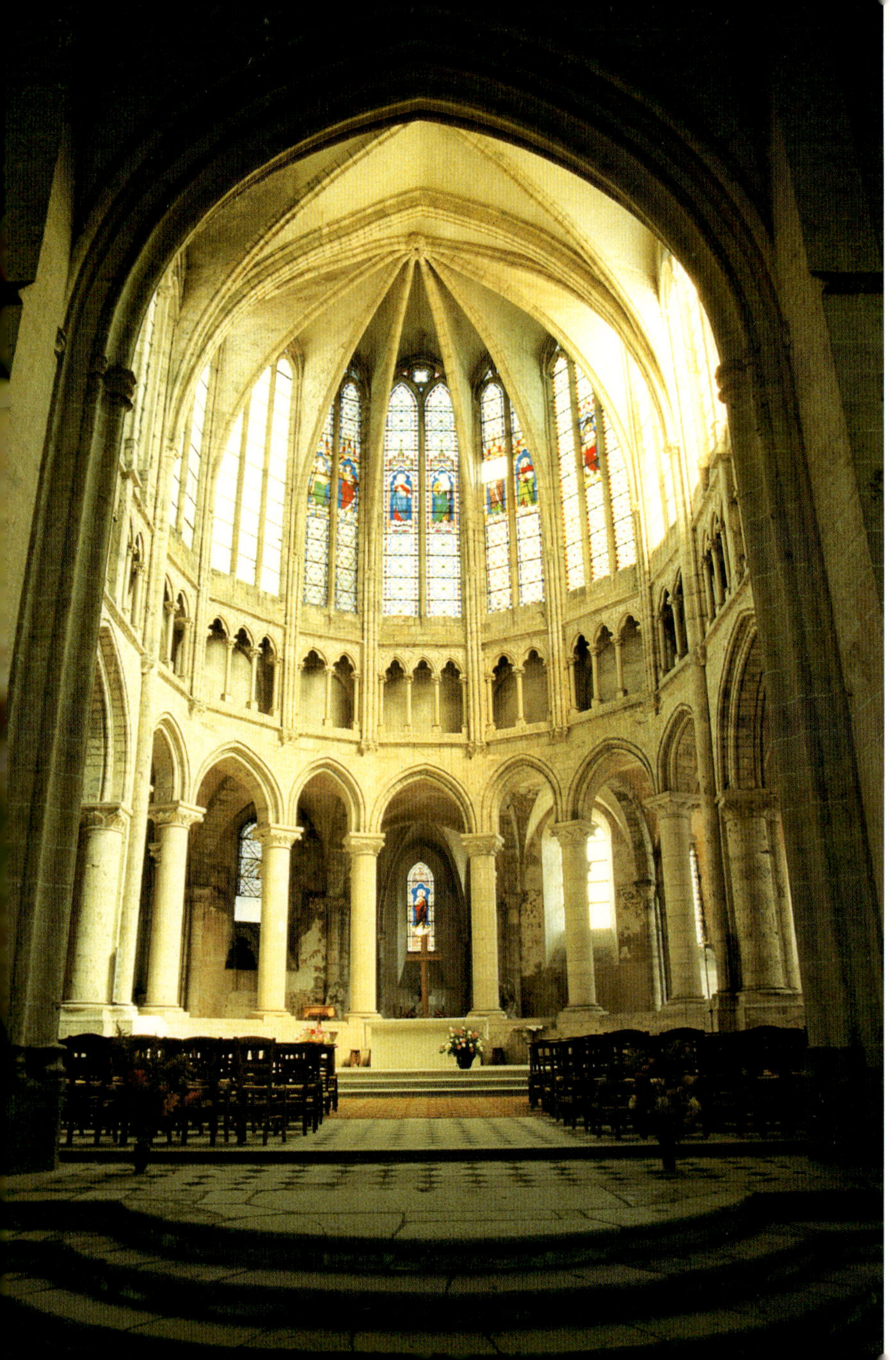

Gallardon : le chœur et le déambulatoire de l'église Saint-Pierre-Saint-Paul.
Les moines de l'abbaye de Bonneval font édifier au XIe siècle un vaste chœur à déambulatoire et chapelles rayonnantes reprenant le modèle des églises de pèlerinage. L'ensemble est surmonté au XIIIe siècle d'un triforium ajouré de sveltes baies caractéristique du gothique à l'époque de saint Louis. La poussée de la haute voûte sommitale est transmise, à l'extérieur, à de puissants contreforts.

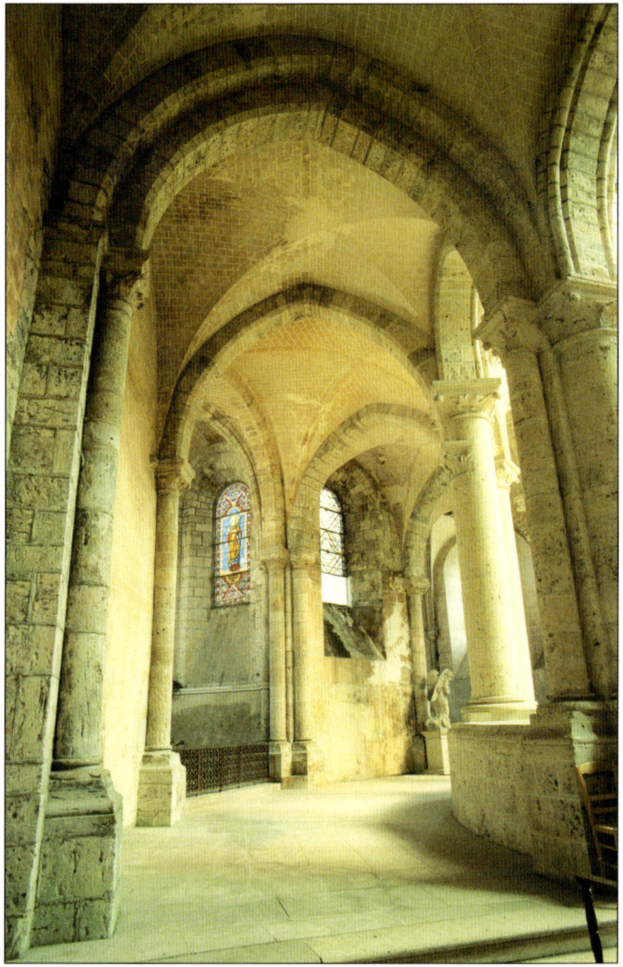

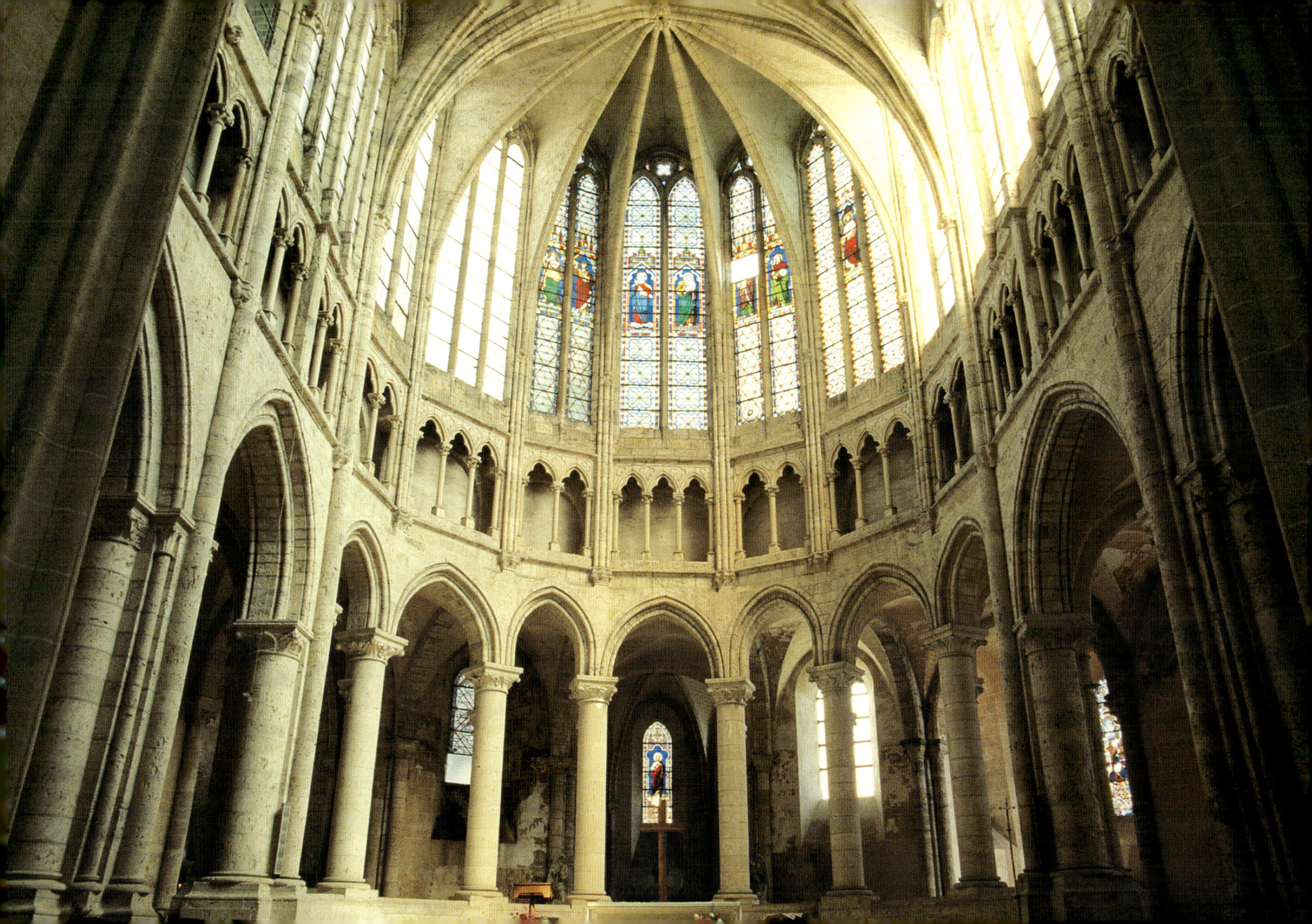

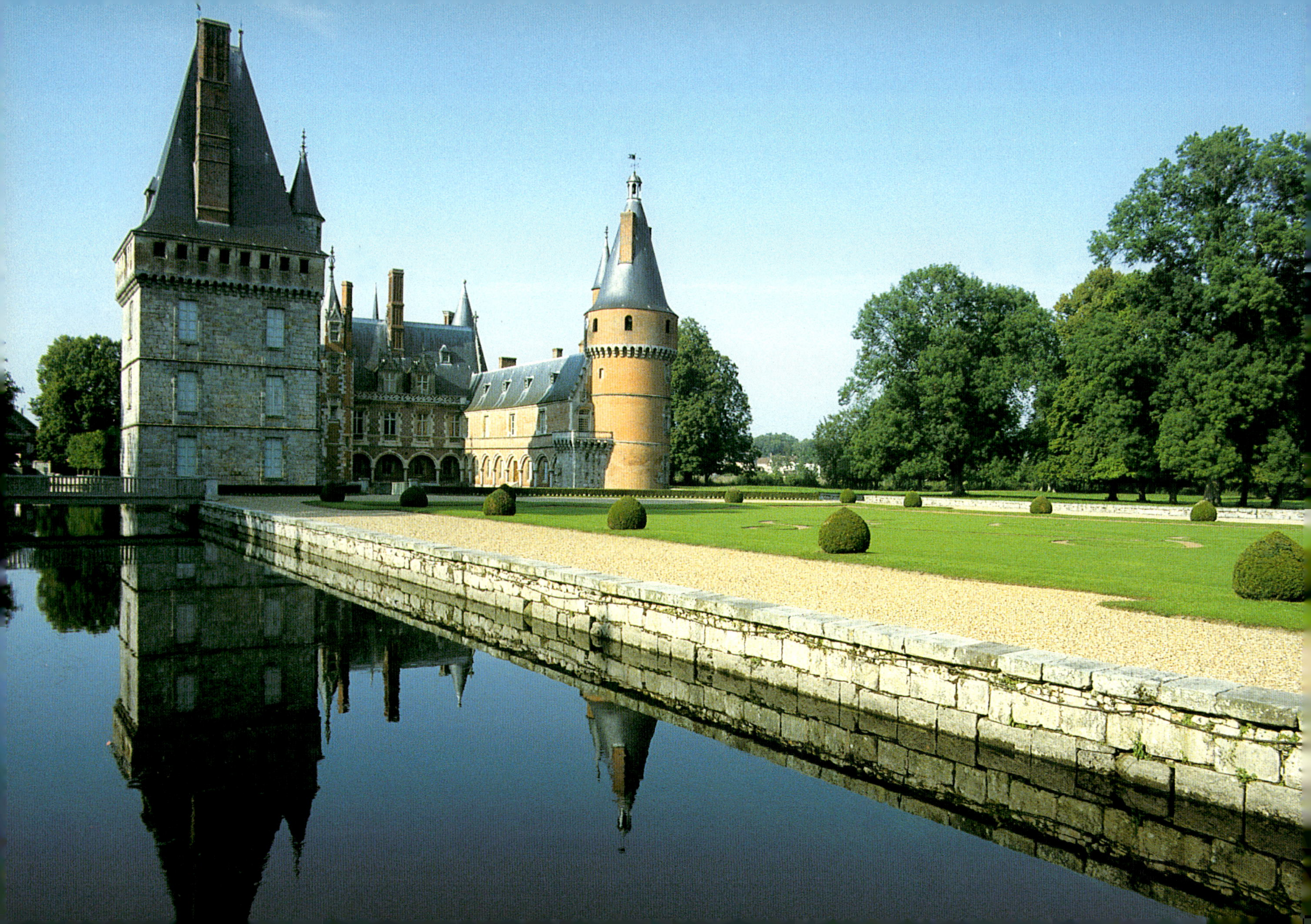

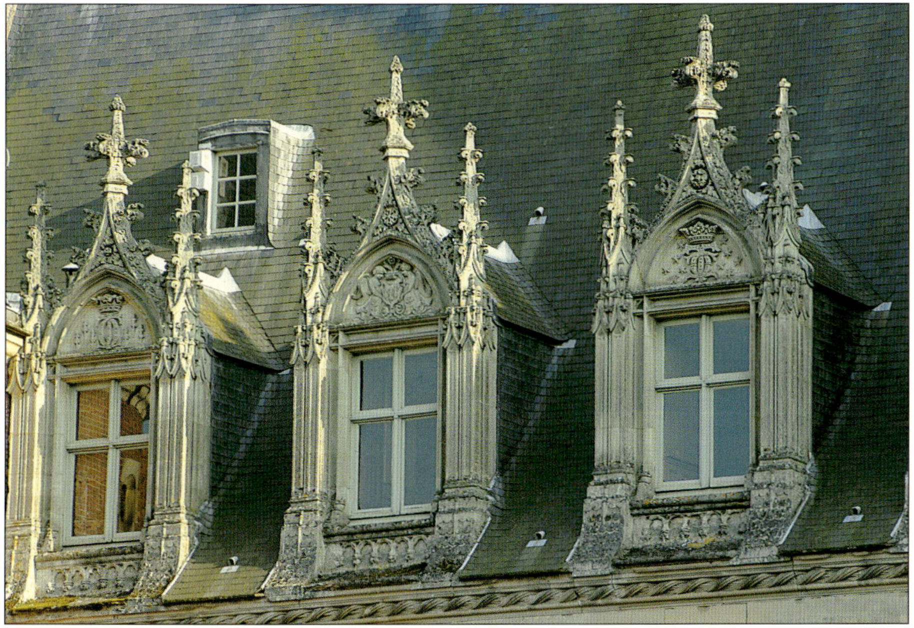

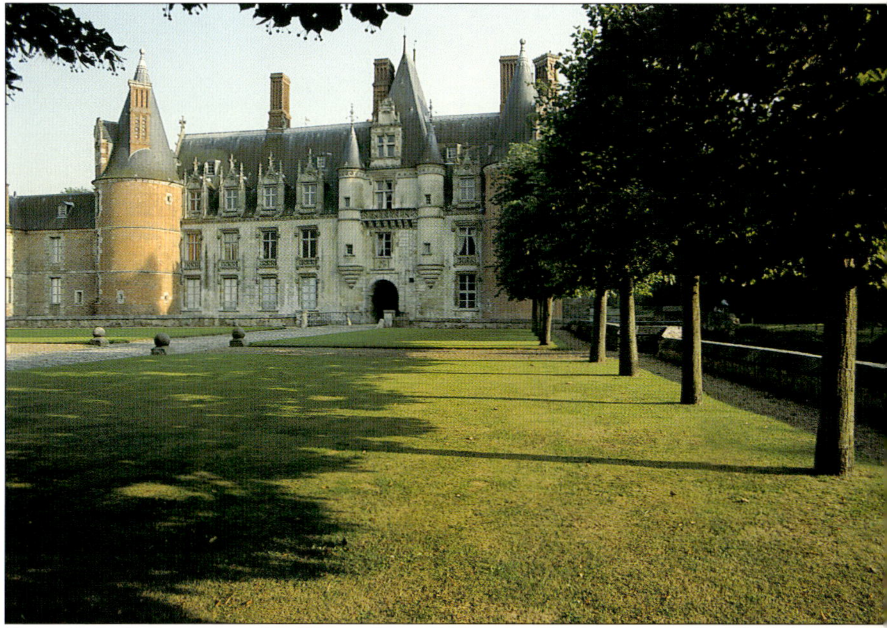

Château de Maintenon. *Louis XIV offre, en 1674, le domaine de Maintenon à sa favorite, Françoise d'Aubigné, qui deviendra bientôt Madame la marquise de Maintenon. Le château est la synthèse réussie d'une tour carrée médiévale, d'un corps de logis Renaissance et d'une aile adjointe par la marquise afin de former un plan en U d'inspiration classique.*

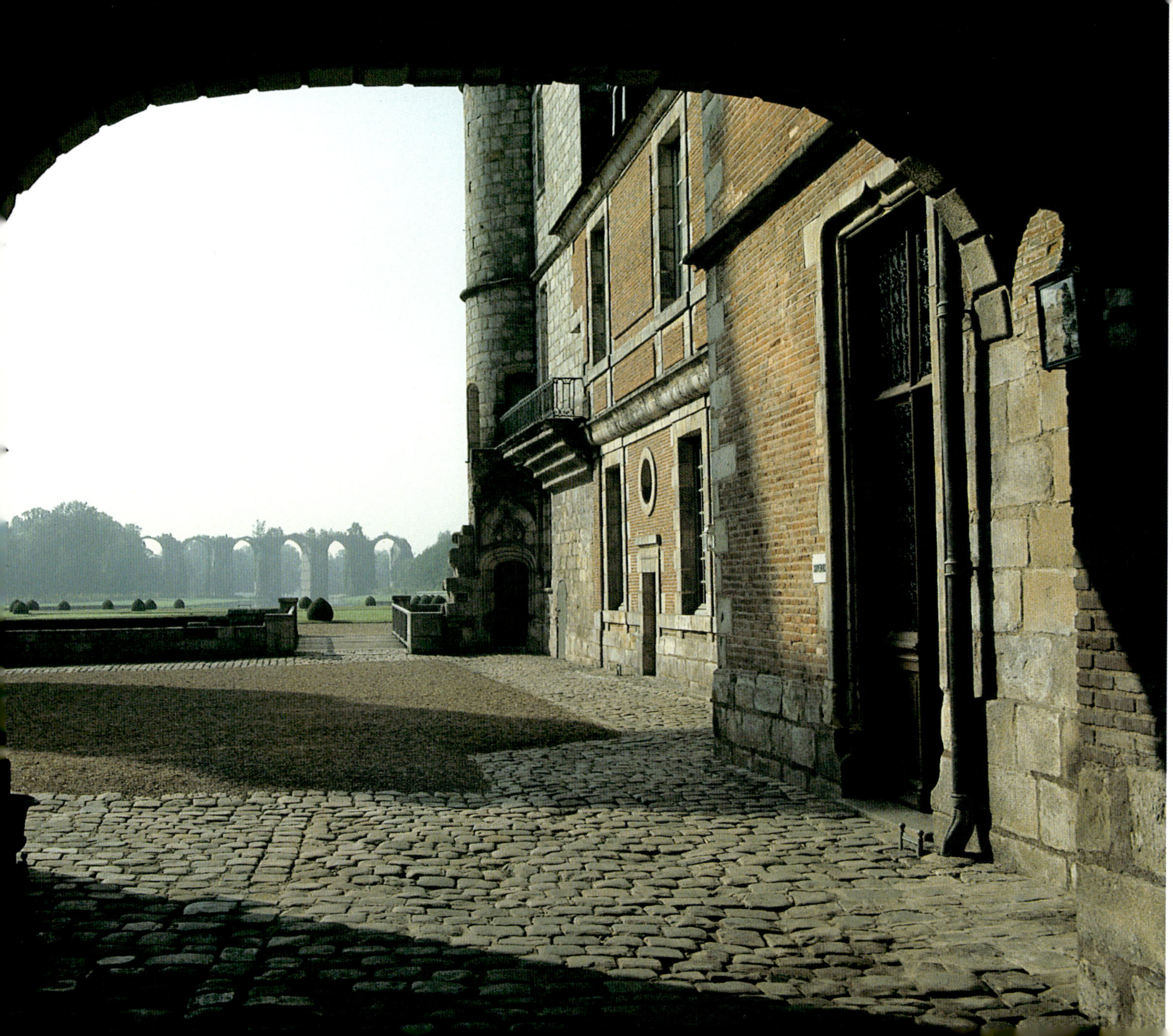

Château de Maintenon : les ruines du pont-aqueduc du canal de l'Eure.
Les jardins dessinés par Le Nôtre et le récent parcours de golf ont pour toile de fond les ruines romantiques du canal de l'Eure. Destiné à détourner l'eau de la rivière pour alimenter les fontaines du château de Versailles, le canal de l'Eure était l'un des projets pharaoniques du Roi-Soleil. Les travaux commencèrent mais furent abandonnés en raison de l'extravagance des moyens à engager. Le pont-aqueduc de Maintenon, long de 4 km, correspond à l'un des tronçons réalisés.

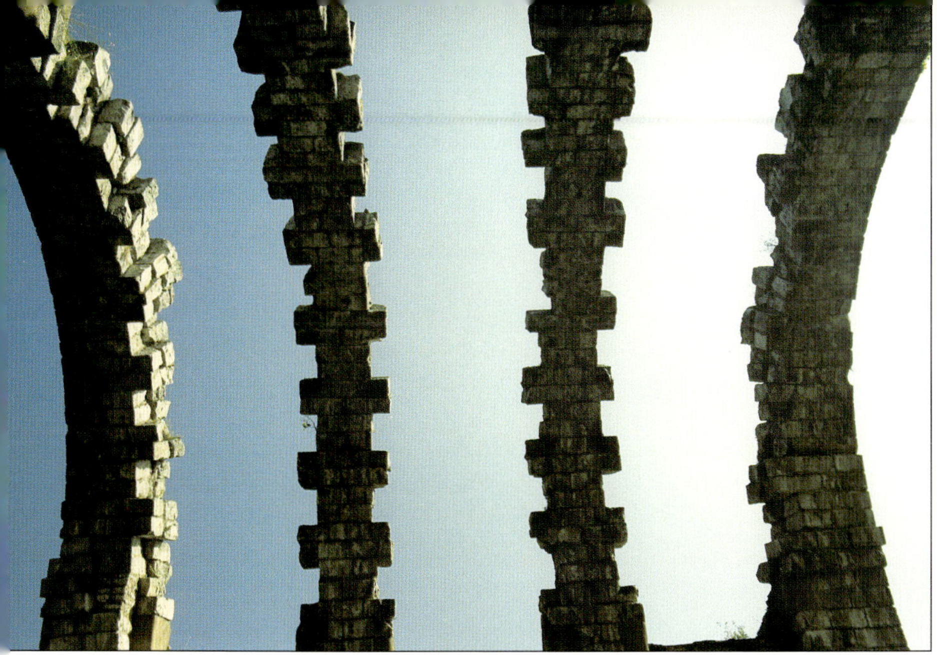
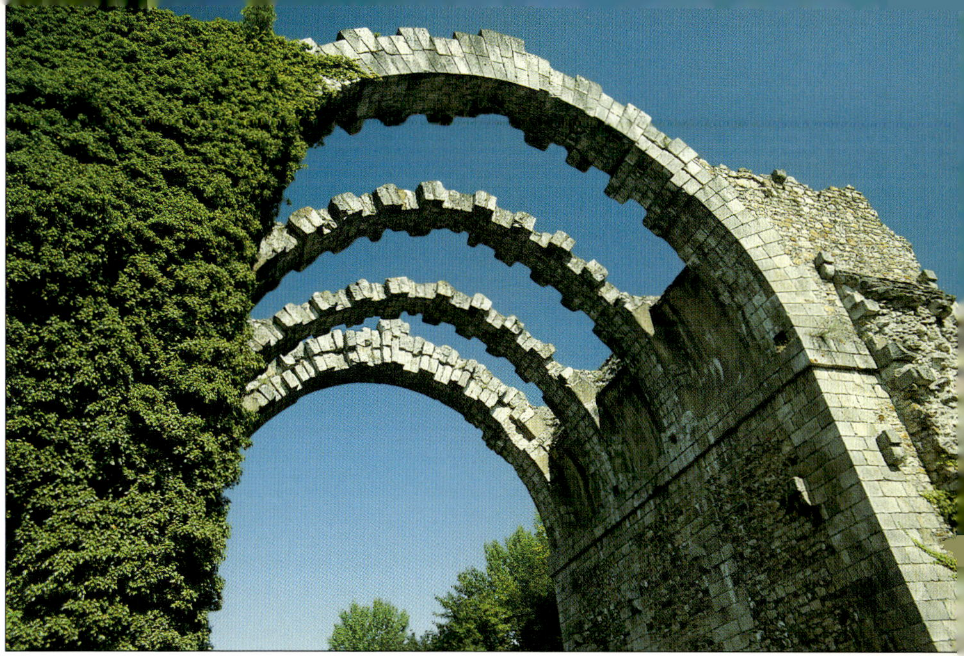
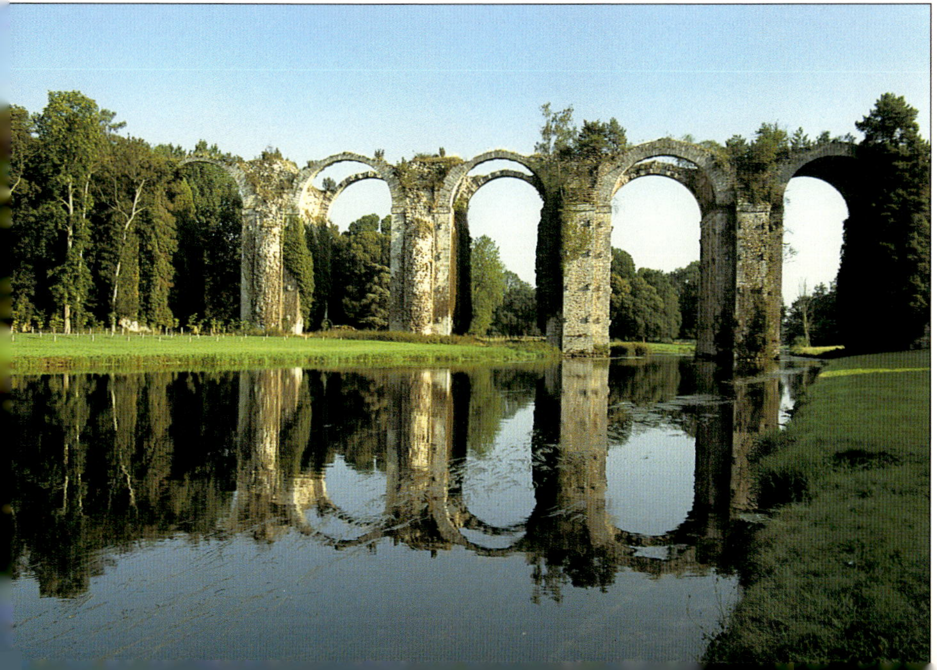
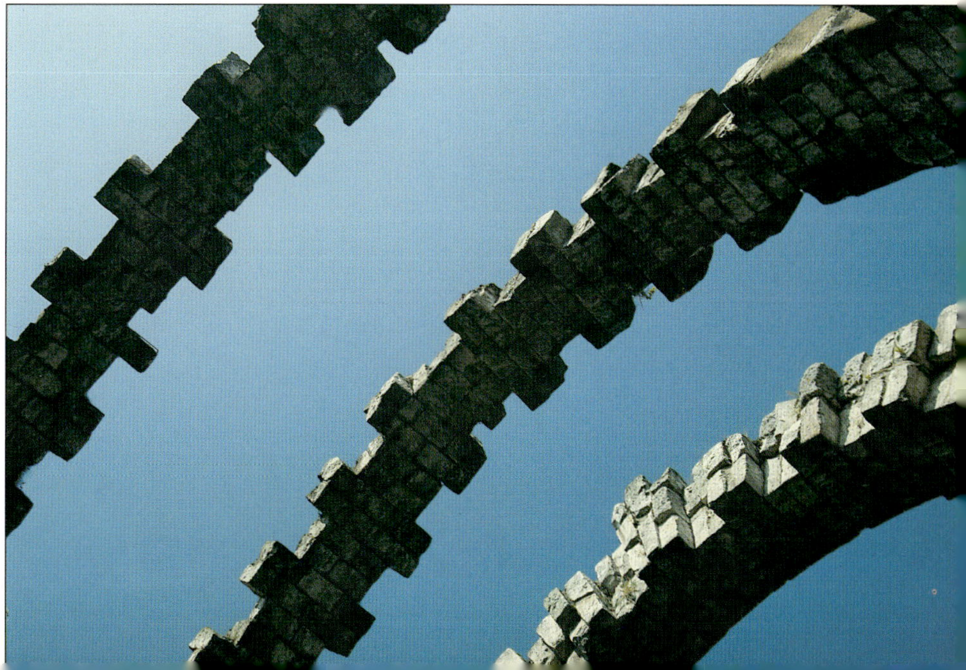

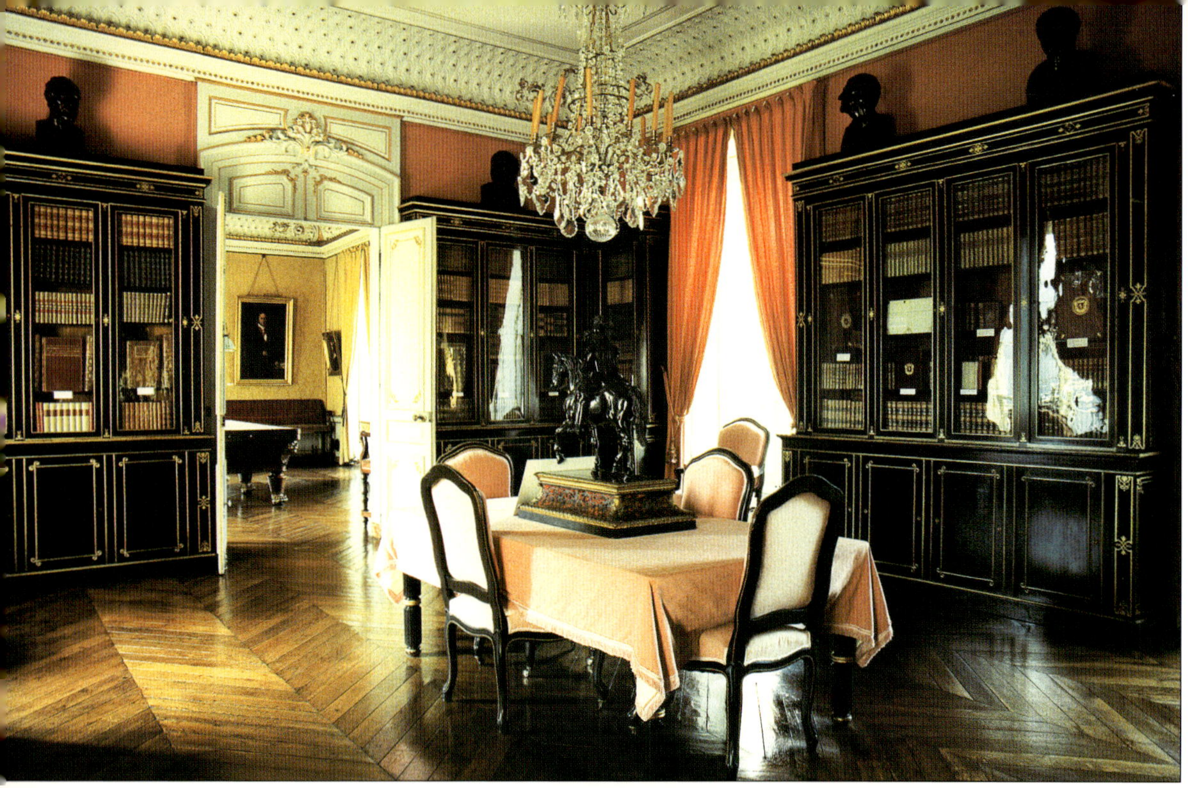

Château de Maintenon : la galerie de portraits de la famille de Noailles, la bibliothèque rose et noire et les appartements privés.
À la mort de la marquise de Maintenon, le domaine est revenu à la famille de Noailles aux mains de laquelle il est resté depuis. Seule une partie du château est ouverte à la visite, telles la galerie de portraits, la bibliothèque rose et noire et quatre des pièces ayant servi d'appartements privés à Françoise d'Aubigné.

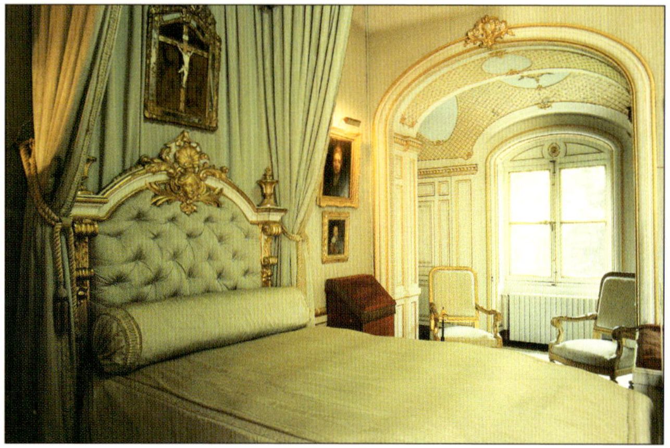

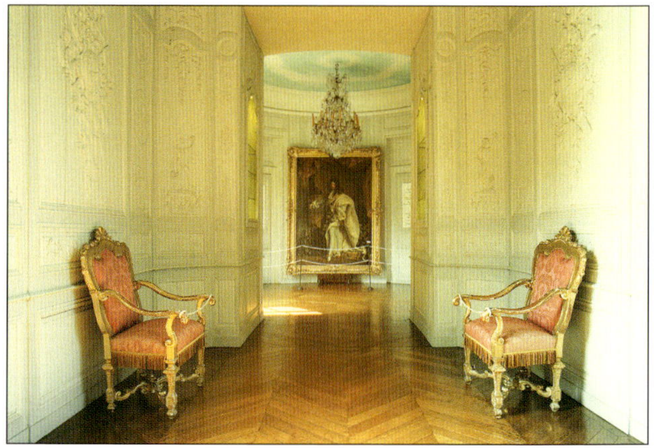

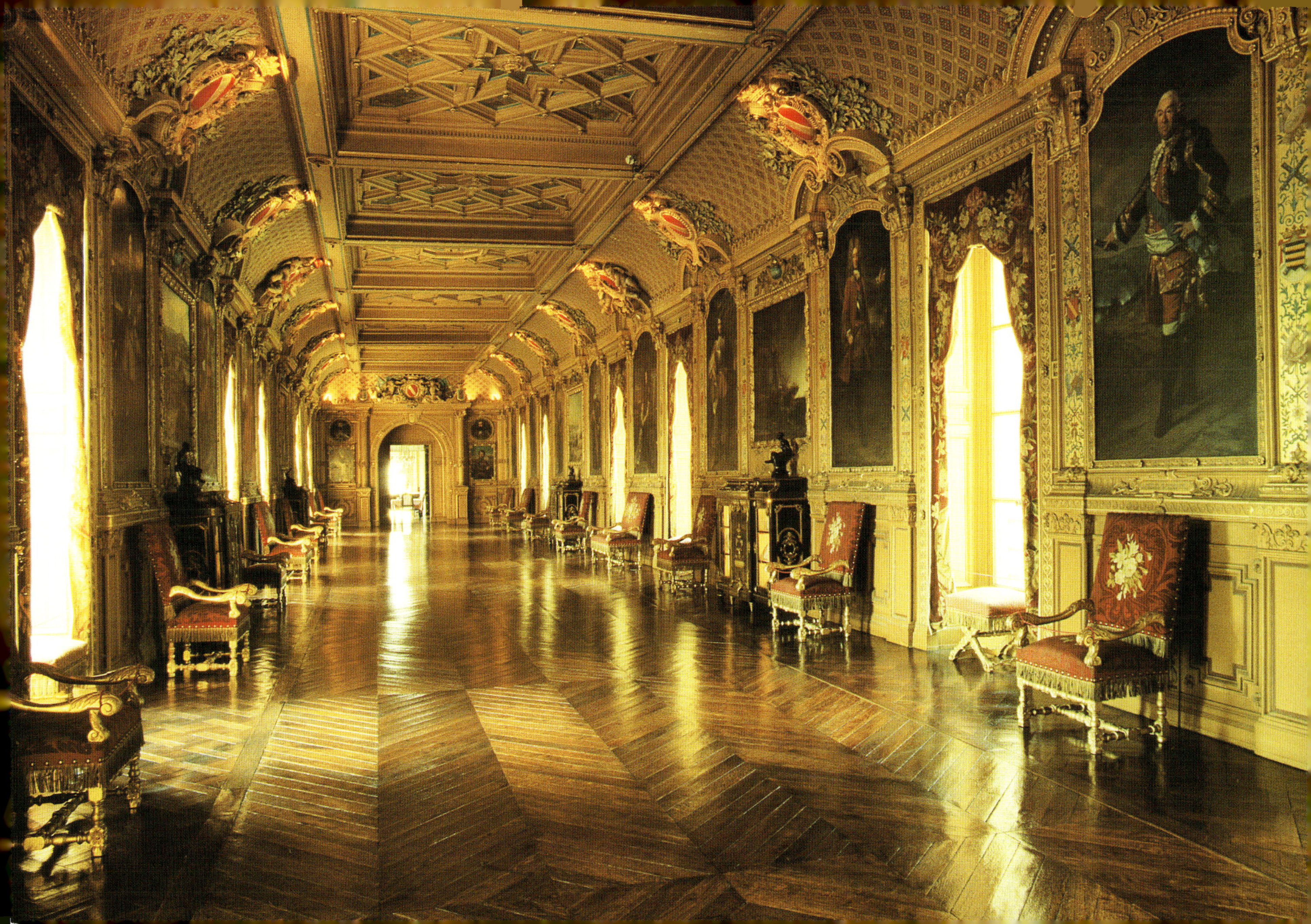

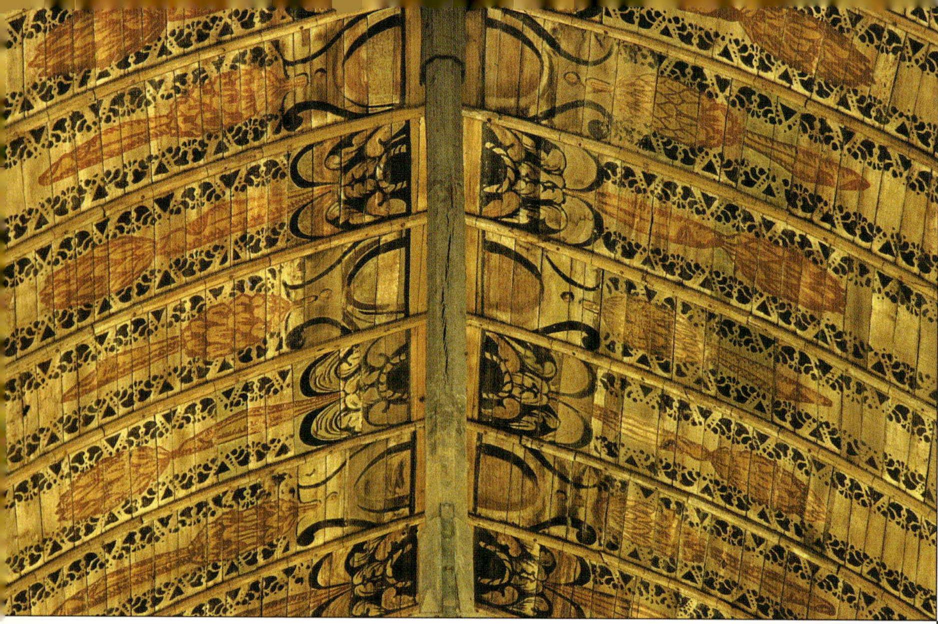

Le bourg d'Épernon.
Adossé au flanc d'un coteau, le bourg d'Épernon domine la vallée de la Drouette, un affluent de l'Eure. Important centre d'extraction du grès plusieurs siècles durant, il s'agit aujourd'hui d'un petit pôle industriel spécialisé dans les produits pharmaceutiques et les emballages.

L'église Saint-Pierre d'Épernon.
D'origine romane, elle a été en grande partie refaite au XVI*e siècle, et réparée suite aux dommages subis en 1940. Sa charpente lambrissée, entièrement peinte, constitue un bel ensemble polychrome.*

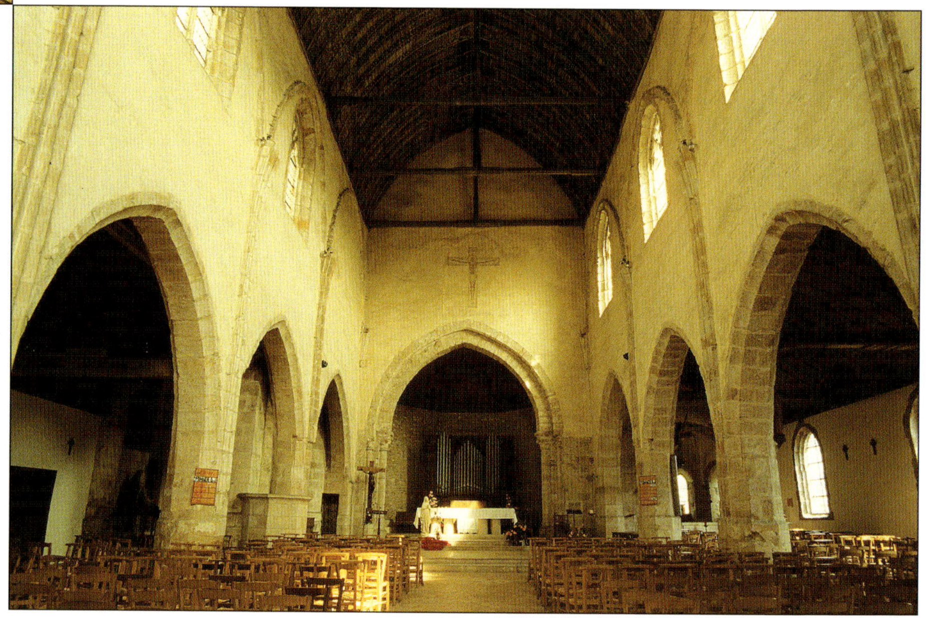

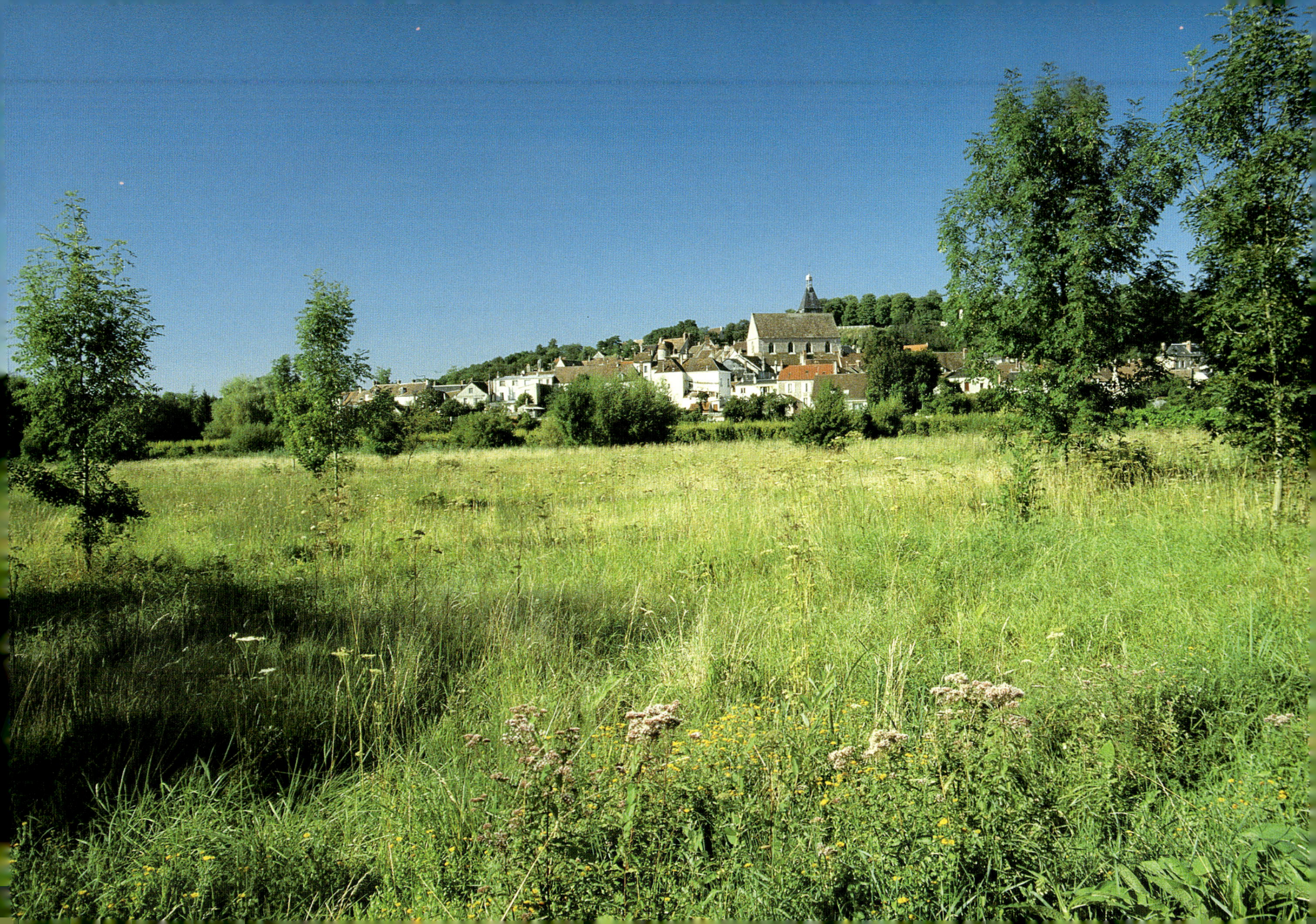

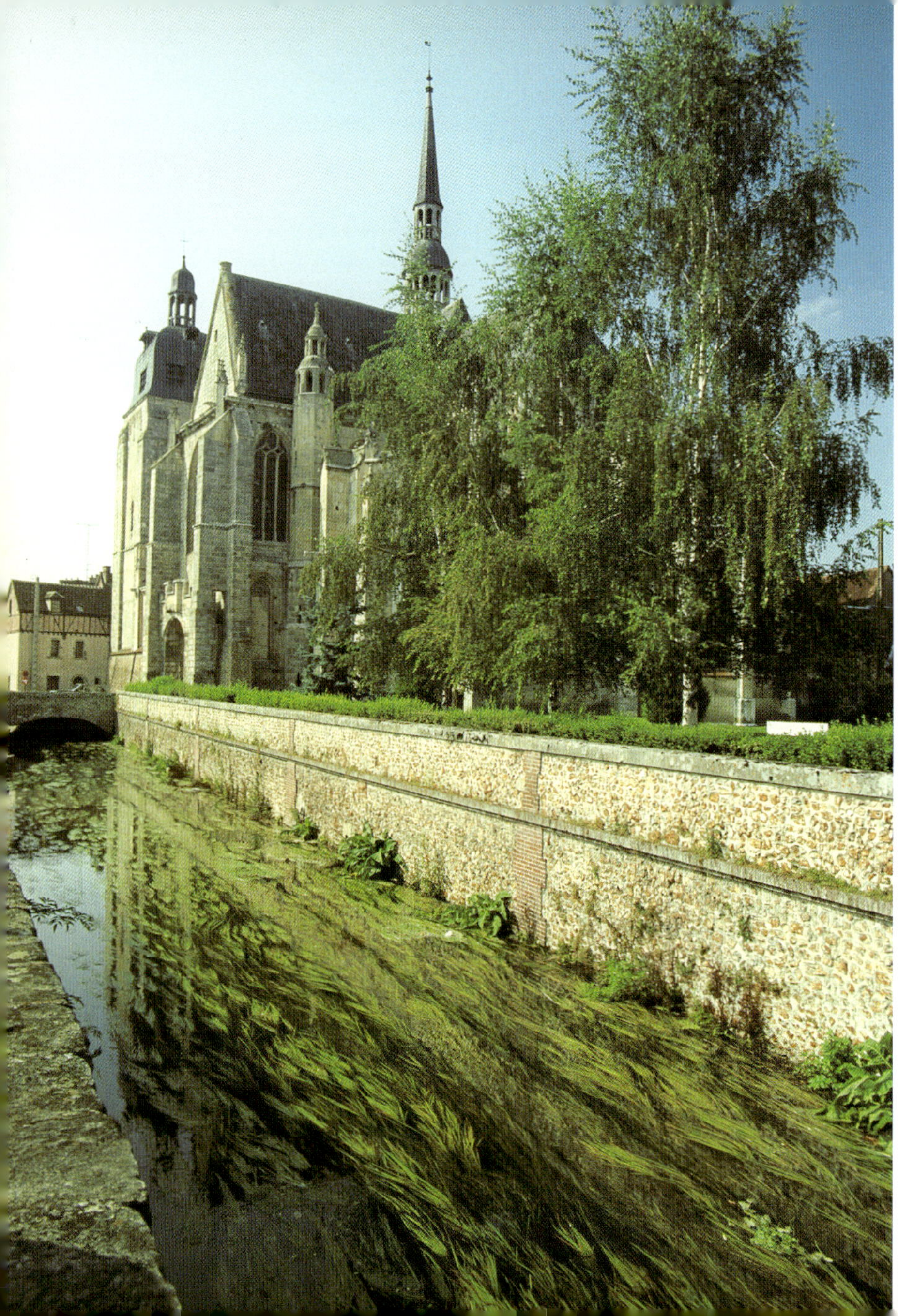
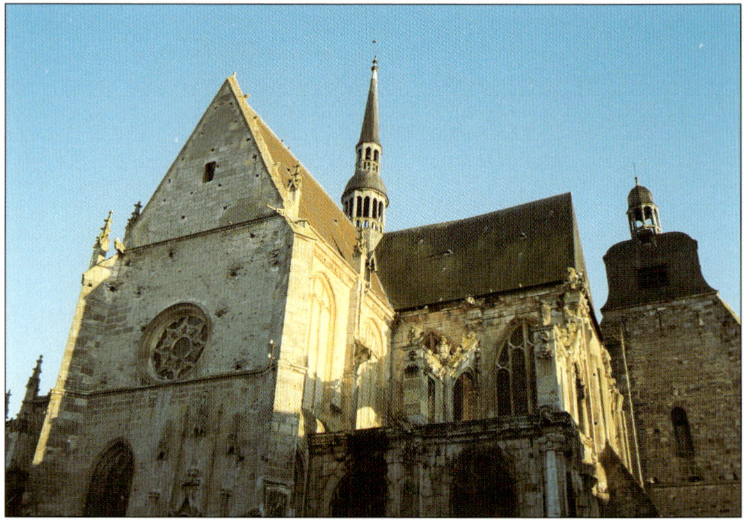
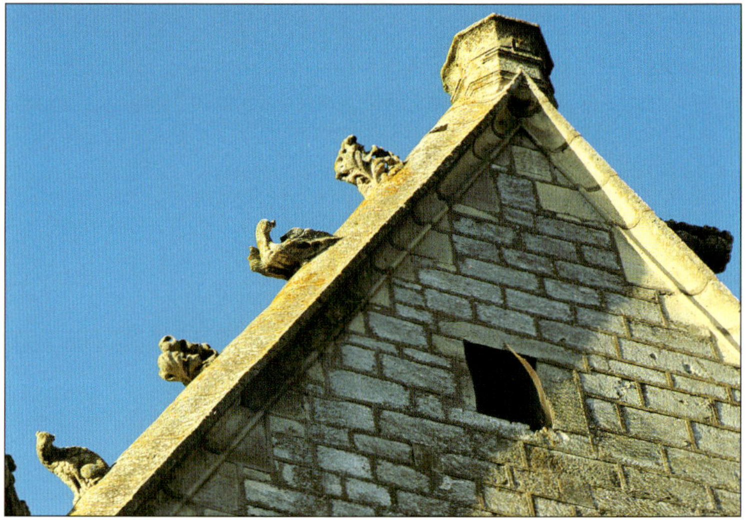

Nogent-le-Roi : l'église paroissiale. *Arrosé par le Roulebois, un affluent de l'Eure, Nogent-le-Roi a été un domaine royal entre 1218 et 1444, d'où son nom. L'église paroissiale, commencée en 1495, demeure inachevée. Le chœur et le déambulatoire sont de style gothique flamboyant, mais le transept, plus tardif, adopte certains traits de la Renaissance. Réduite à deux travées, la nef est fermée par un simple mur de clôture.*

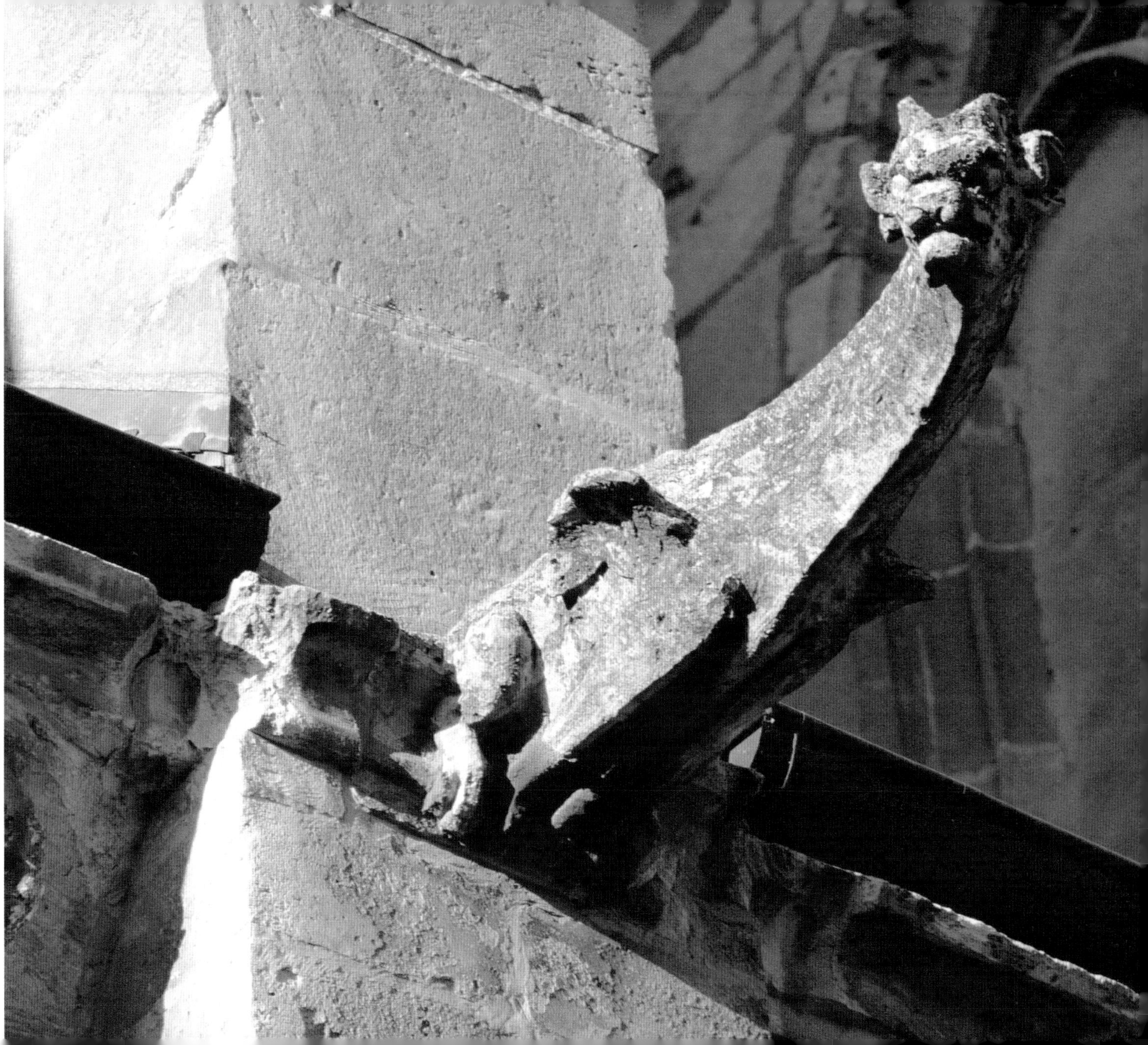

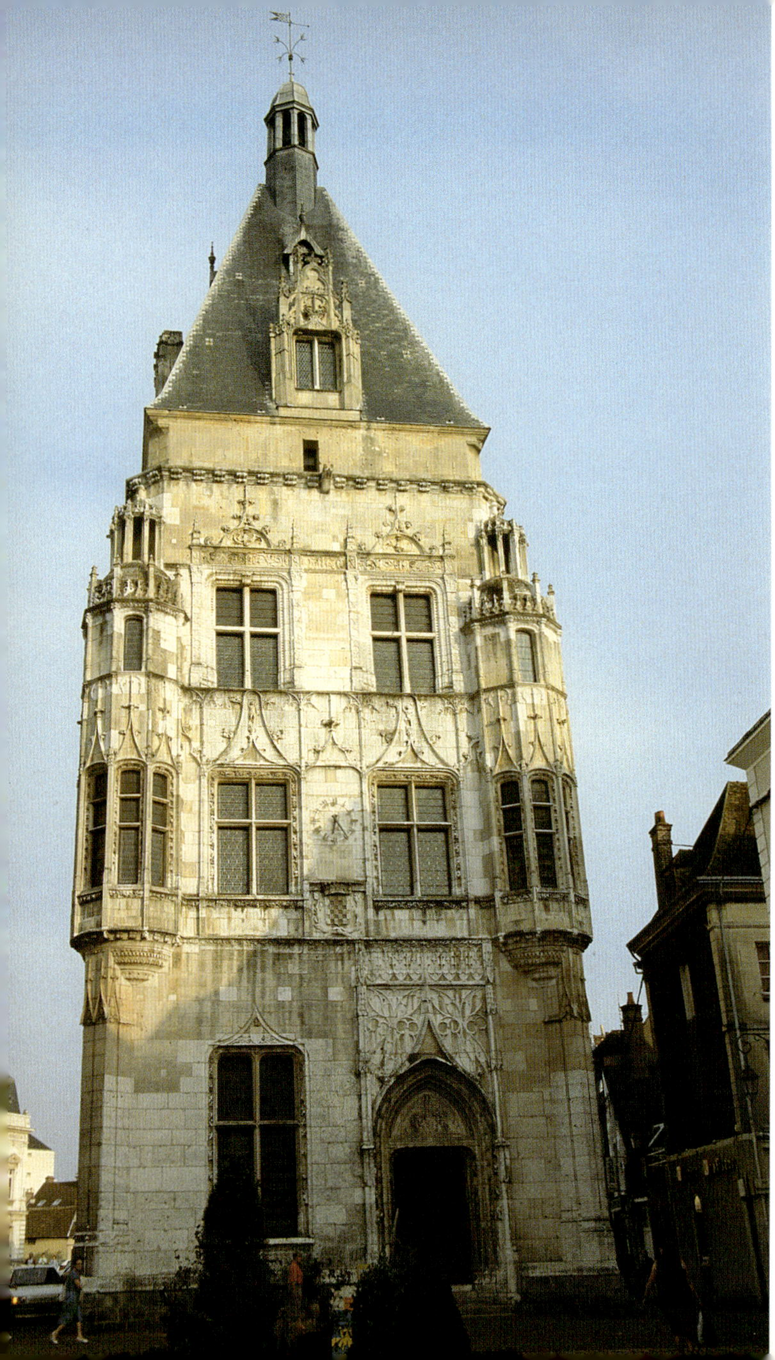

Dreux : la ville, le beffroi et la chapelle royale Saint-Louis.

Située au point de rencontre de l'Ile-de-France et de la Normandie, Dreux occupe, sur le plan militaire et économique, une position stratégique. Au Xe siècle, Hugues Capet fait bâtir sur les hauteurs de la ville, à l'encontre du nouveau duché de Normandie, une puissante forteresse à l'emplacement de laquelle s'élèvera, au XIXe, la chapelle royale Saint-Louis. Au XVIe siècle, les bourgeois de Dreux font dresser le beffroi, symbole de leur réussite et de l'émancipation municipale.

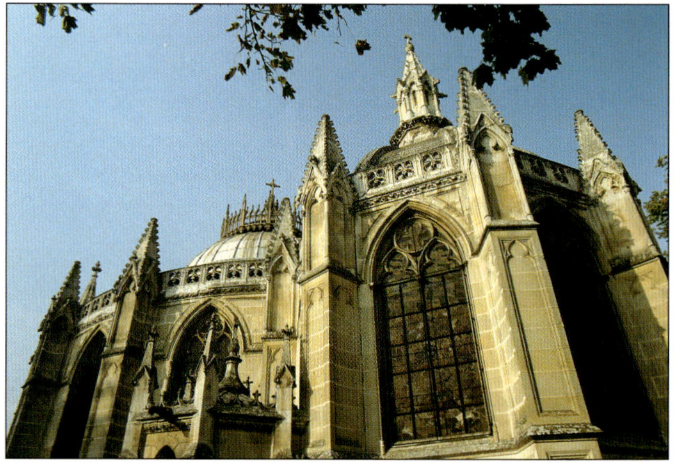

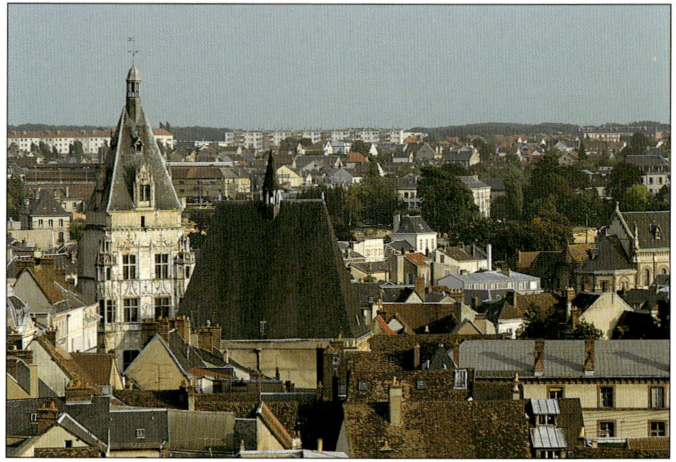

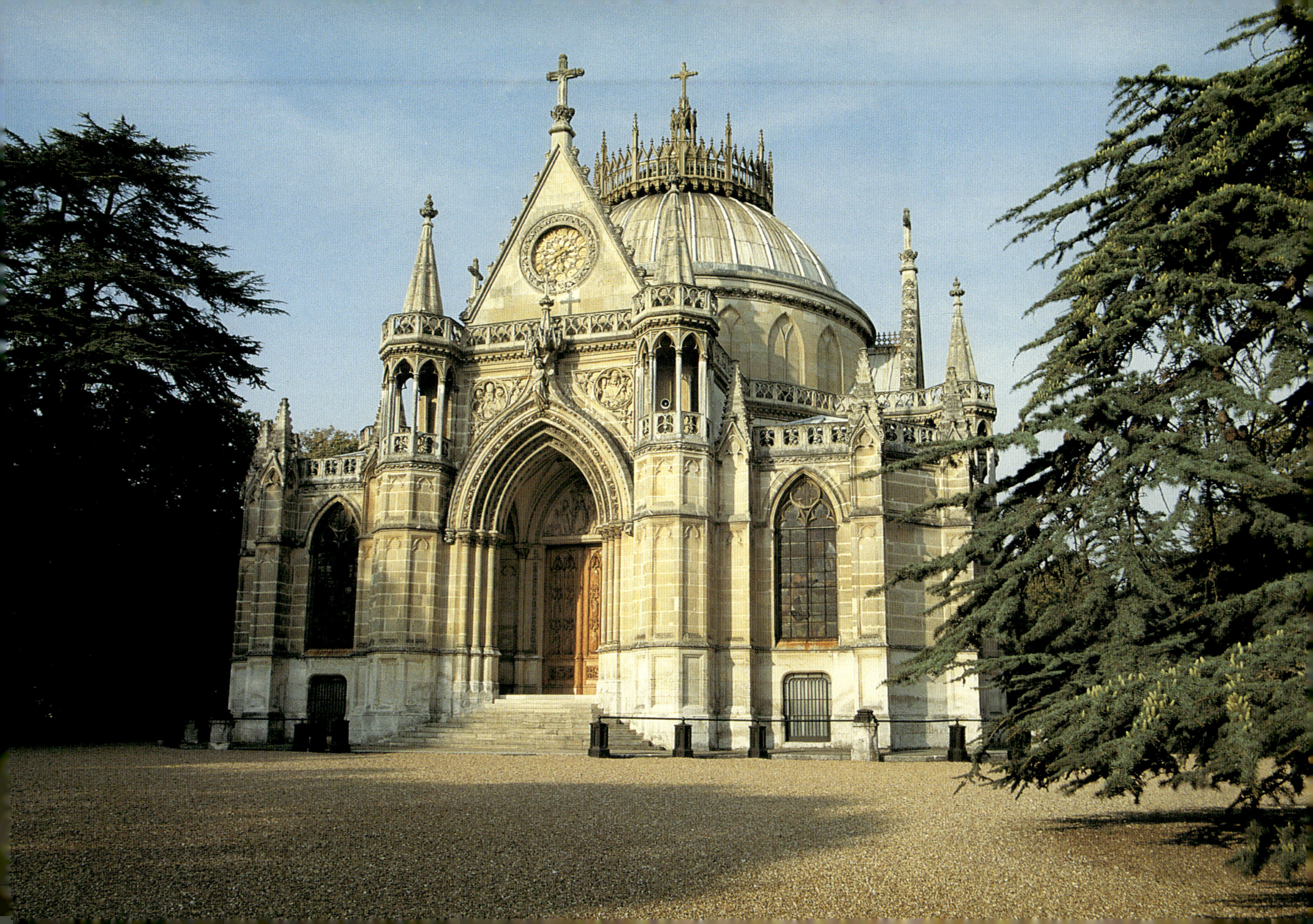

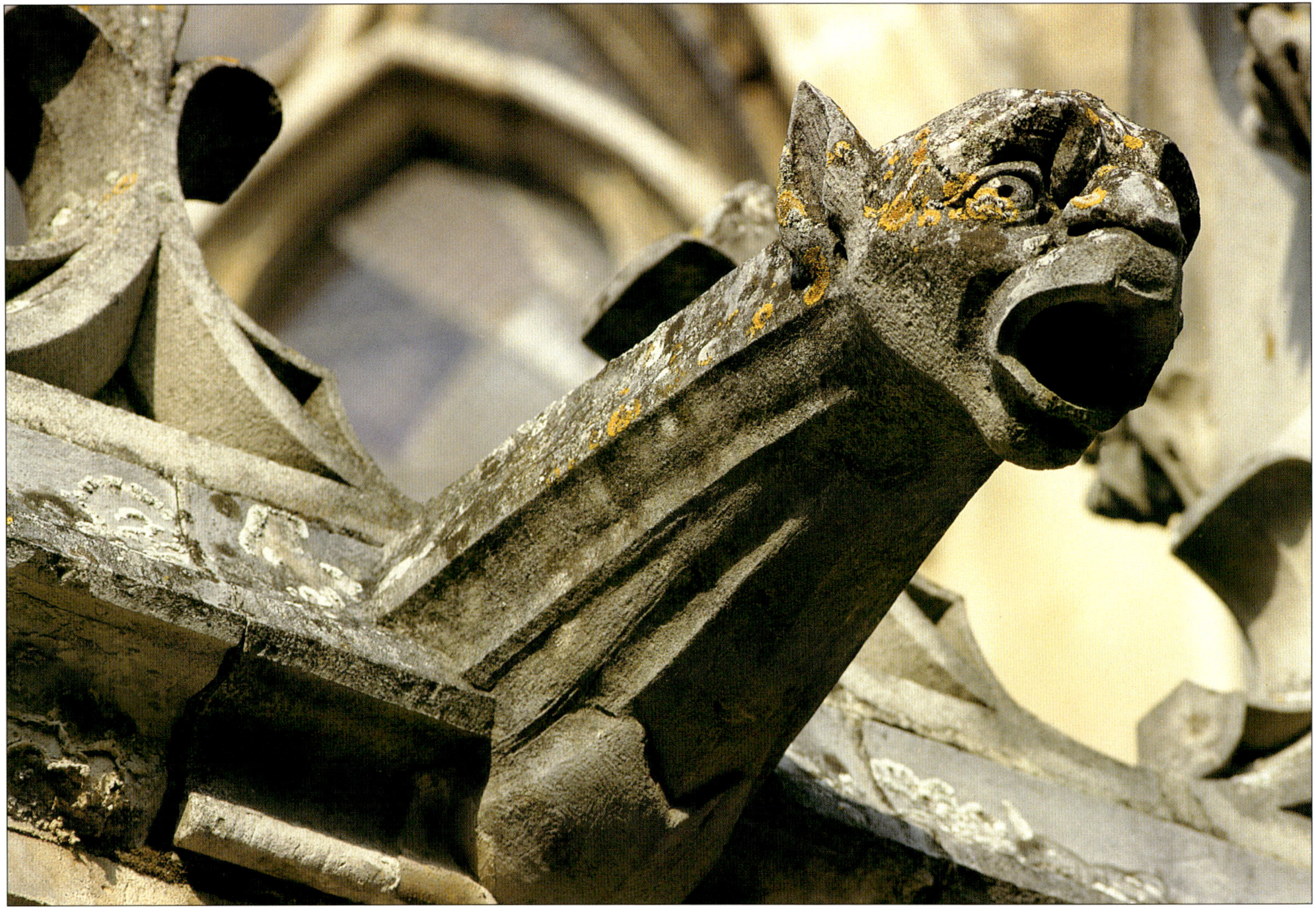

Vue extérieure de la chapelle royale : une gargouille de style néo-gothique.

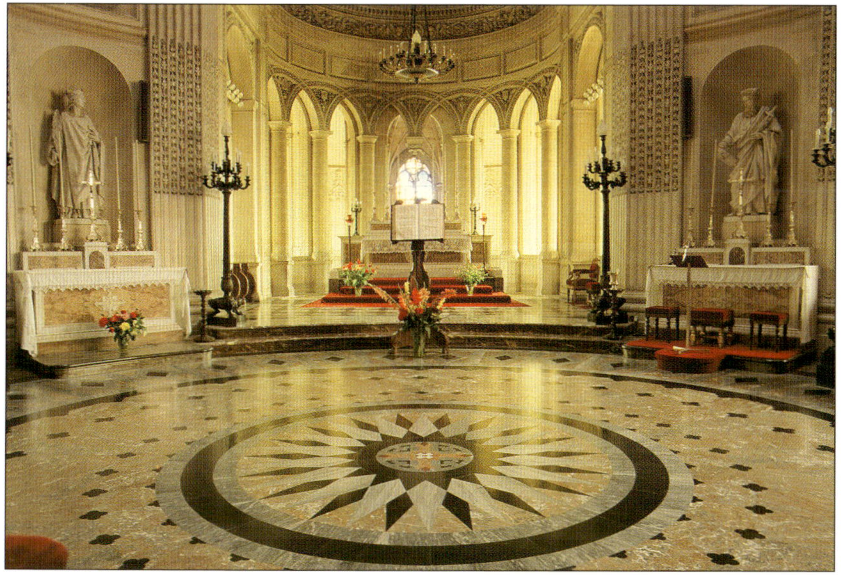

Vues intérieures de la chapelle royale : la rotonde sous la coupole et le déambulatoire à la périphérie du chœur.
En 1814, la duchesse d'Orléans fait élever une chapelle de style classique afin de recueillir les restes de ses ancêtres, dispersés à la Révolution. En 1840, son fils Louis-Philippe, devenu roi de France, décide de faire de cette chapelle la nécropole de la famille d'Orléans. Il fait alors transformer et agrandir de façon considérable l'édifice primitif. La façade reçoit un décor néo-gothique tandis que l'intérieur mêle le néo-gothique au néo-classique.

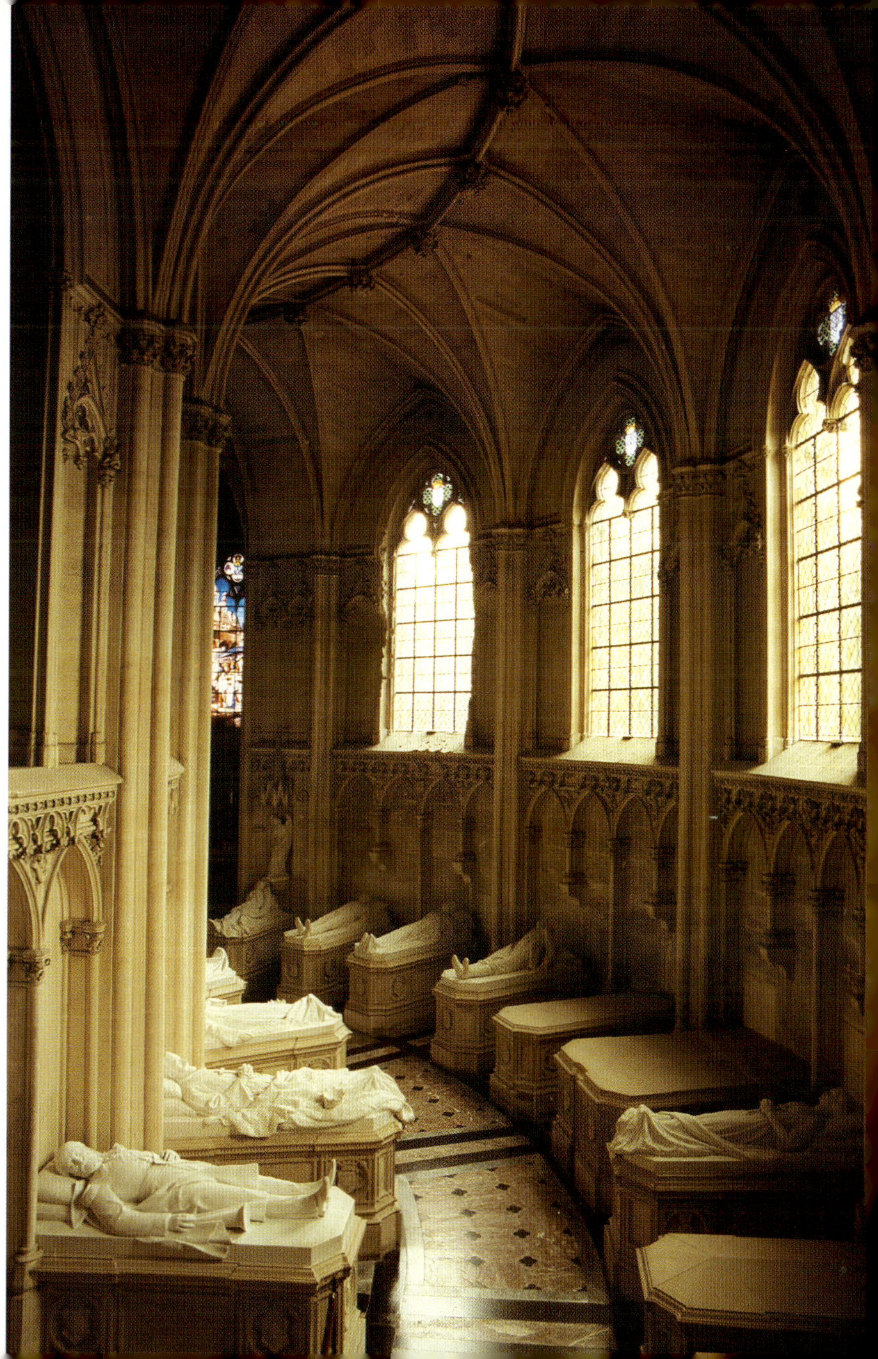

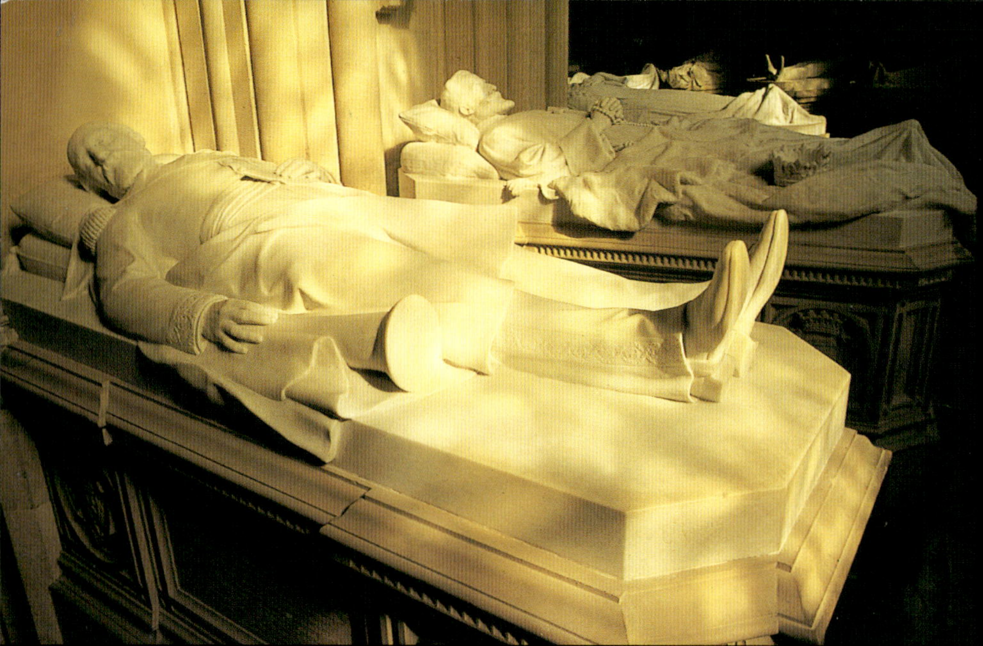

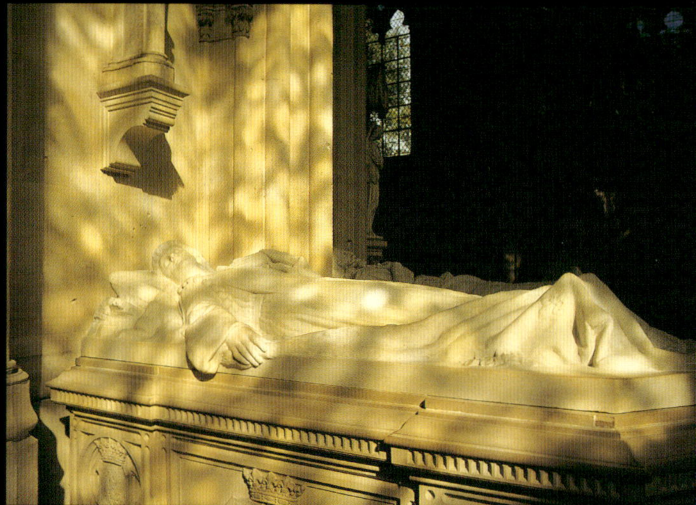

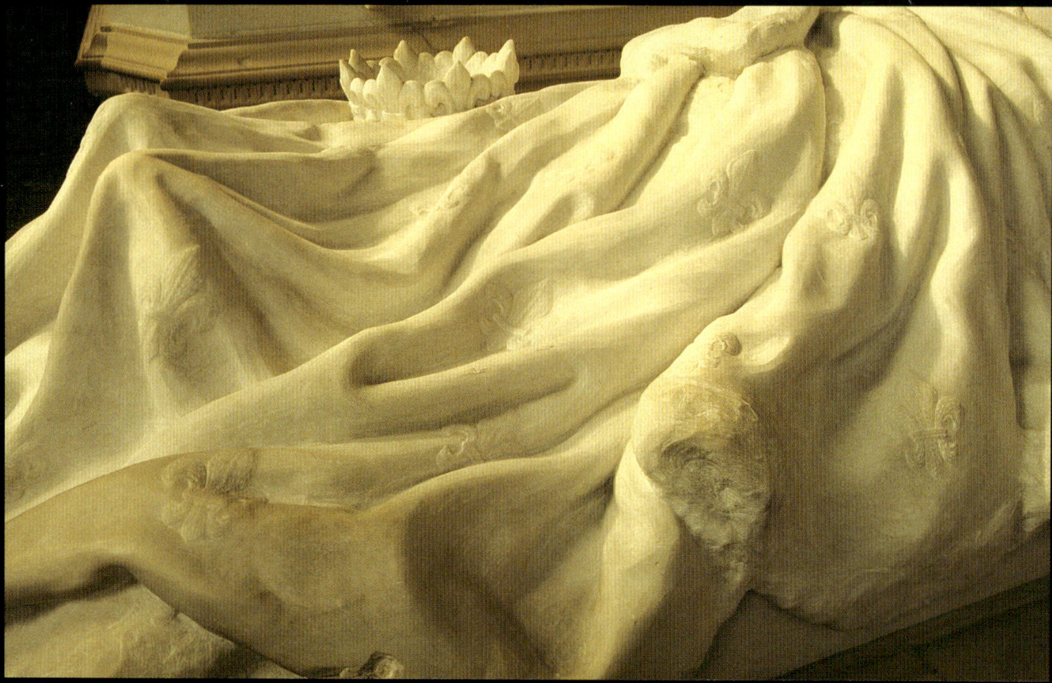

Chapelle royale Saint-Louis : les gisants et les vitraux.
Nombre de sculpteurs de renom parmi lesquels Campagne, Mercié, Millet ou Pradier ont participé à la réalisation des gisants en marbre de la chapelle. Les vitraux ont été exécutés par la manufacture de Sèvres d'après des cartons de Delacroix, Flandrin, Ingres, Larivière ou Viollet-le-Duc.

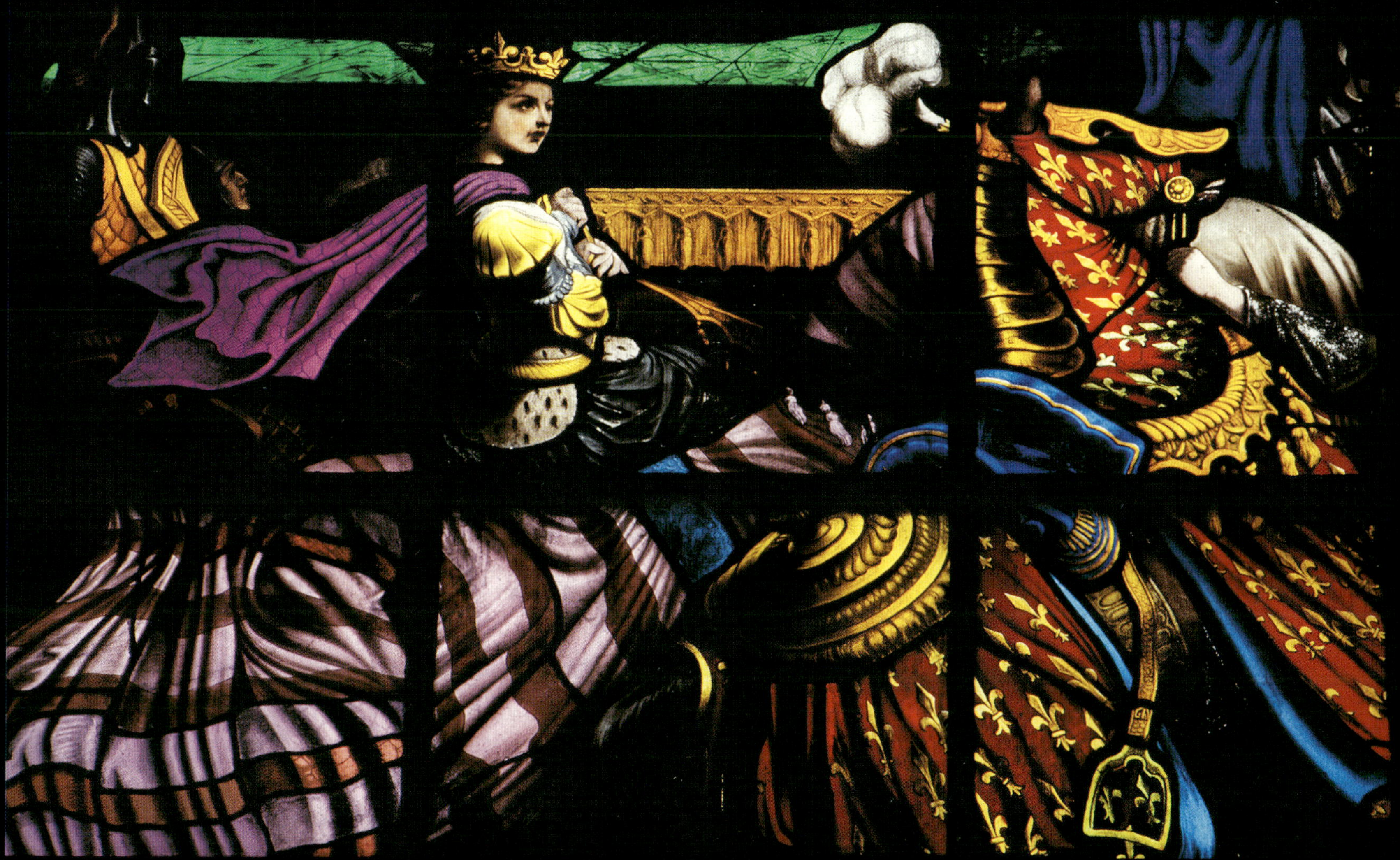

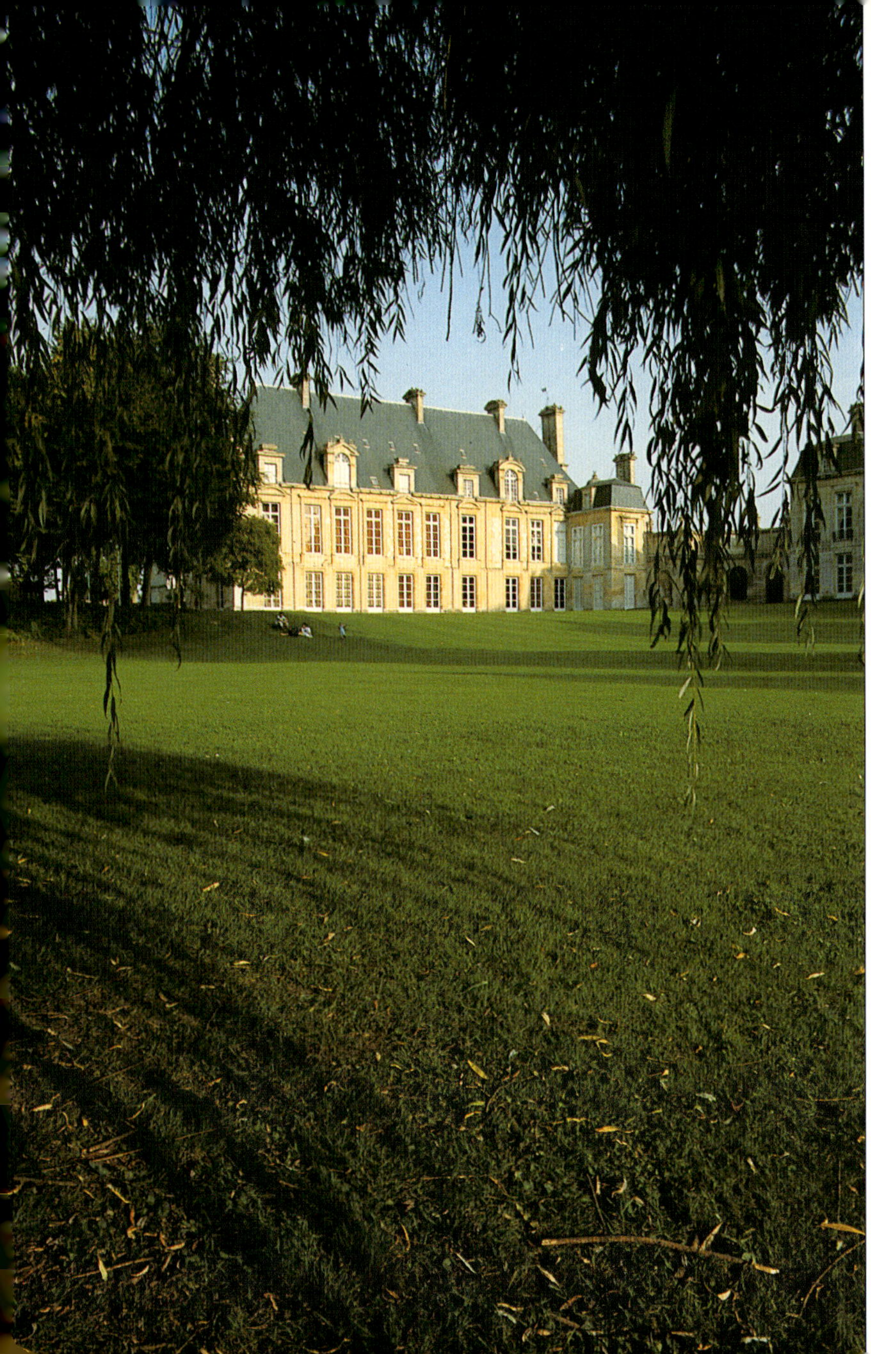

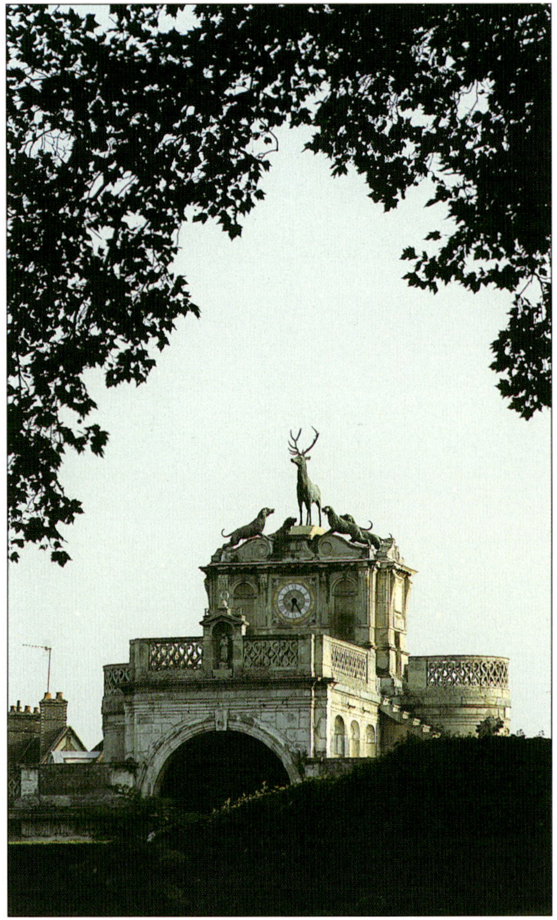

Château d'Anet : l'aile gauche et le portail d'entrée.
Offert par le roi Henri II à sa favorite Diane de Poitiers, il a été construit de 1547 à 1555 par l'architecte Philibert De l'Orme. Il constitue l'un des édifices majeurs de la Renaissance française. L'aile gauche est la seule partie du logis primitif, quoique remanié, qui subsiste aujourd'hui. Sa décoration est d'une grande richesse. Le portail d'entrée est couronné du grand bronze du Cerf et des Chiens, ce qui lui confère une touche d'originalité certaine.

La chapelle Saint-Thomas.
Coiffée d'une coupole et de deux obélisques, cette œuvre de Philibert De l'Orme associe avec subtilité l'influence italienne et la référence à l'antique. Elle a reçu, en 1840, une nouvelle façade de style néo-classique.

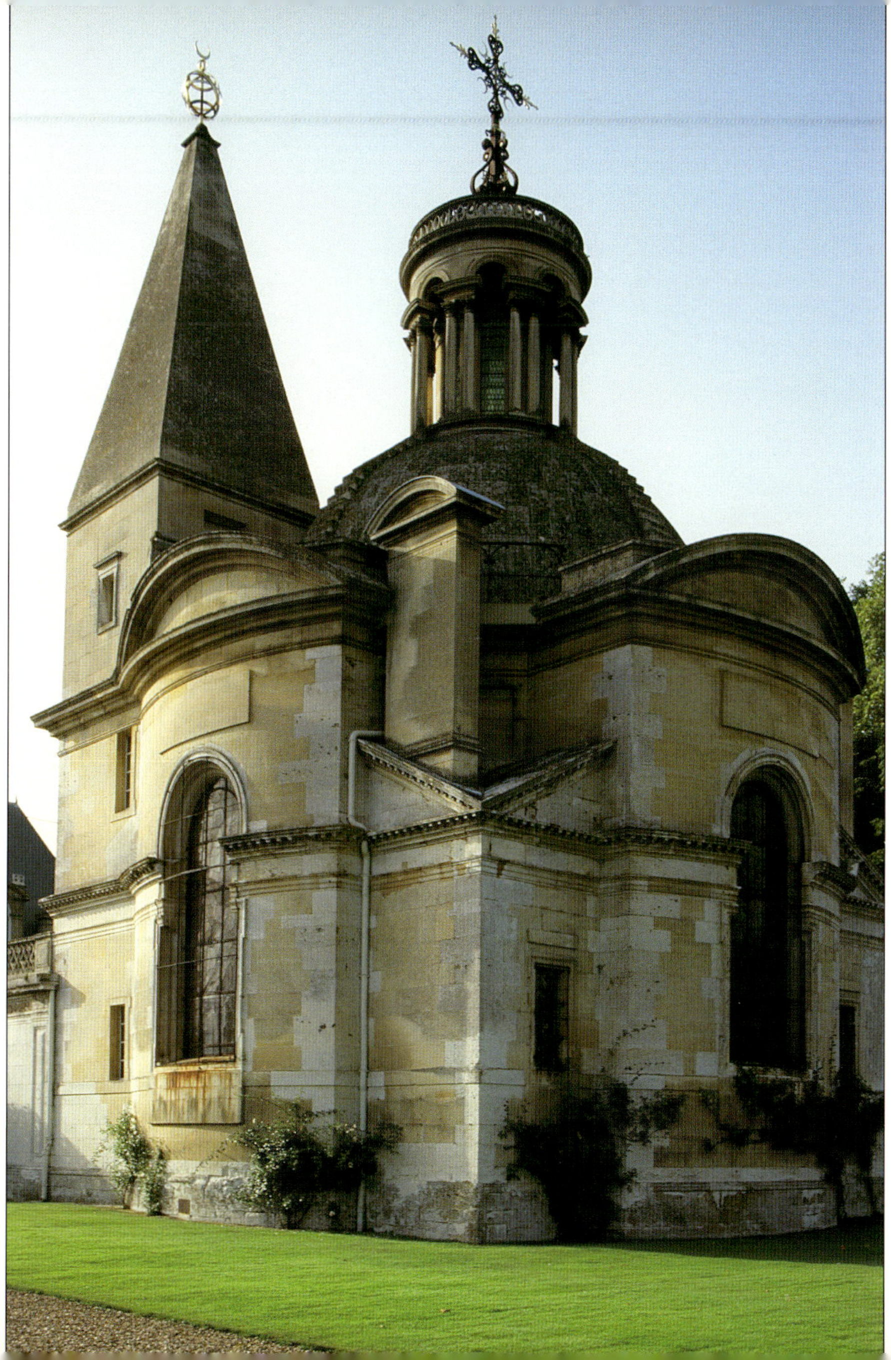

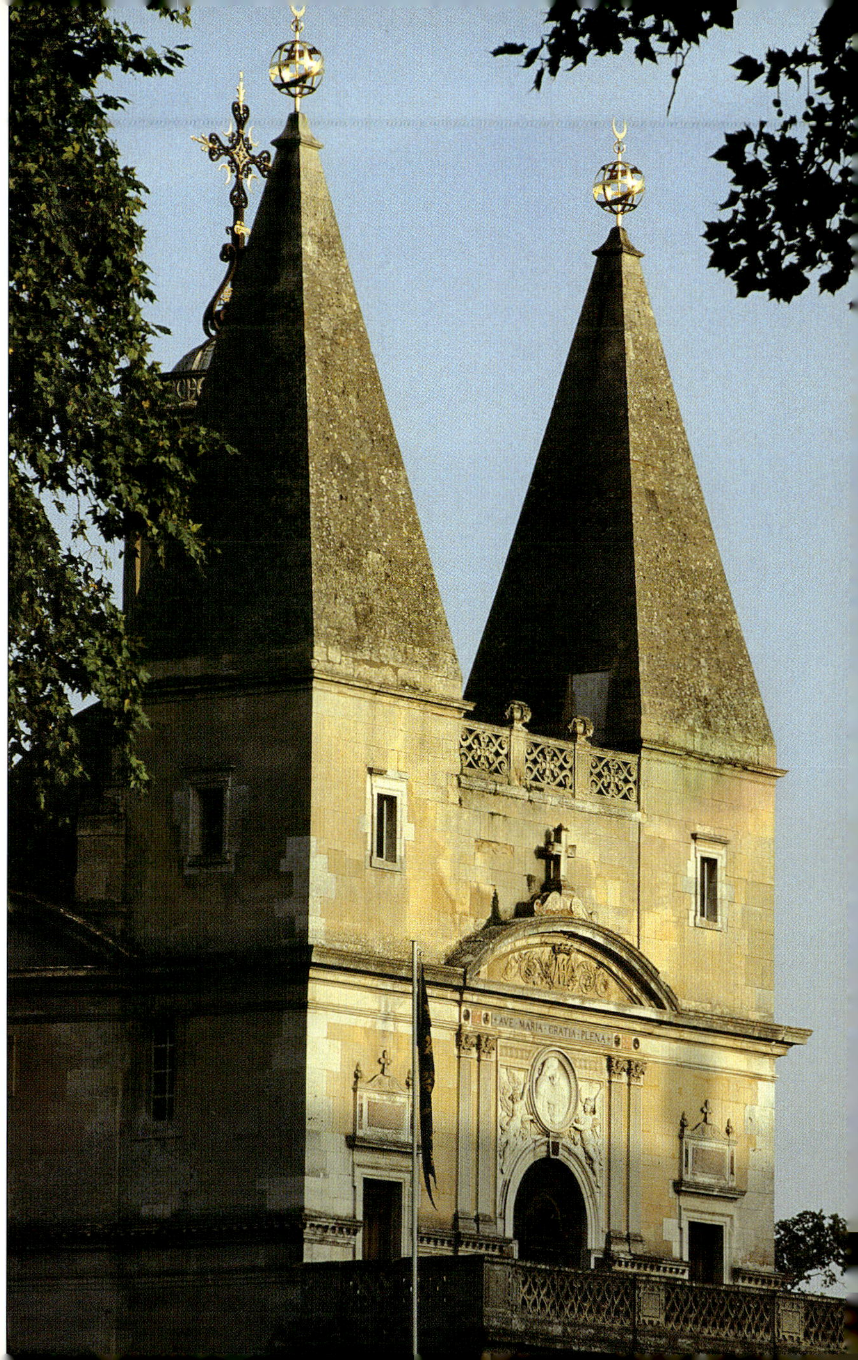
AVE MARIA GRATIA PLENA

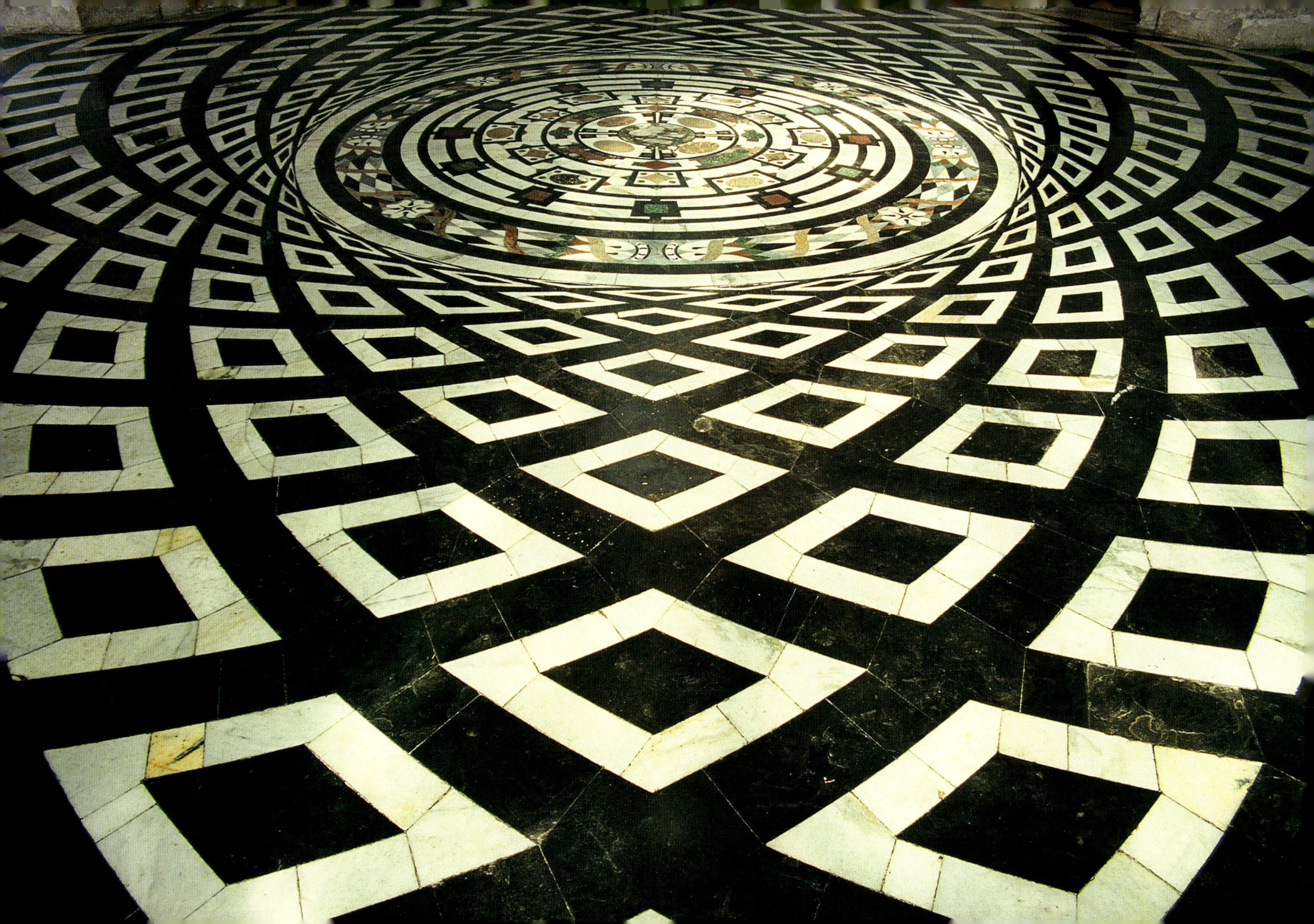

Chapelle Saint-Thomas : le pavement de marbre et la coupole à caissons losangés. *Dessinée par l'architecte Philibert De l'Orme, la coupole aux nervures hélicoïdales de la chapelle Saint-Thomas est la projection spatiale de son pavement en marbre vert et blanc.*

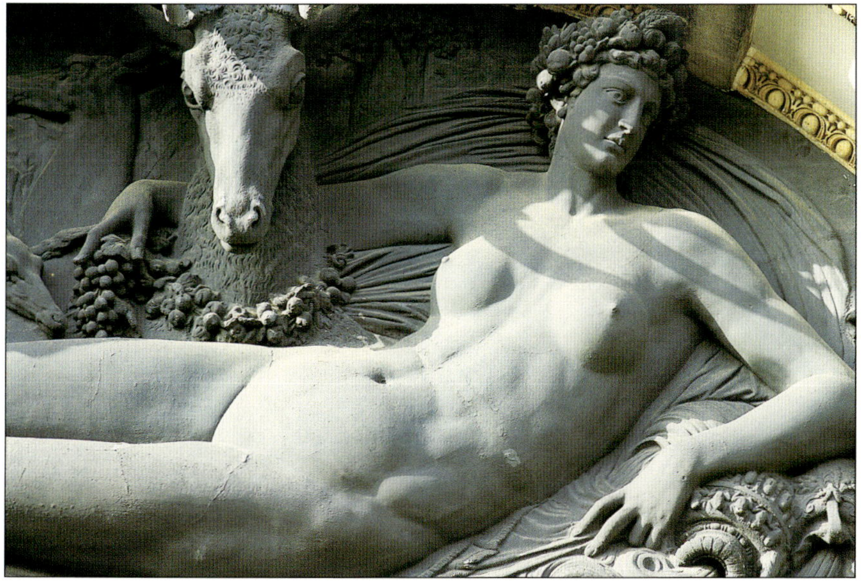

Portail d'entrée du château d'Anet : *La Nymphe au cerf* du tympan. *Inspirée de l'entrée du palais Farnèse à Rome, la colonnade du portail est décorée au tympan d'un bronze remarquable de Benvenuto Cellini :* La Nymphe au cerf.

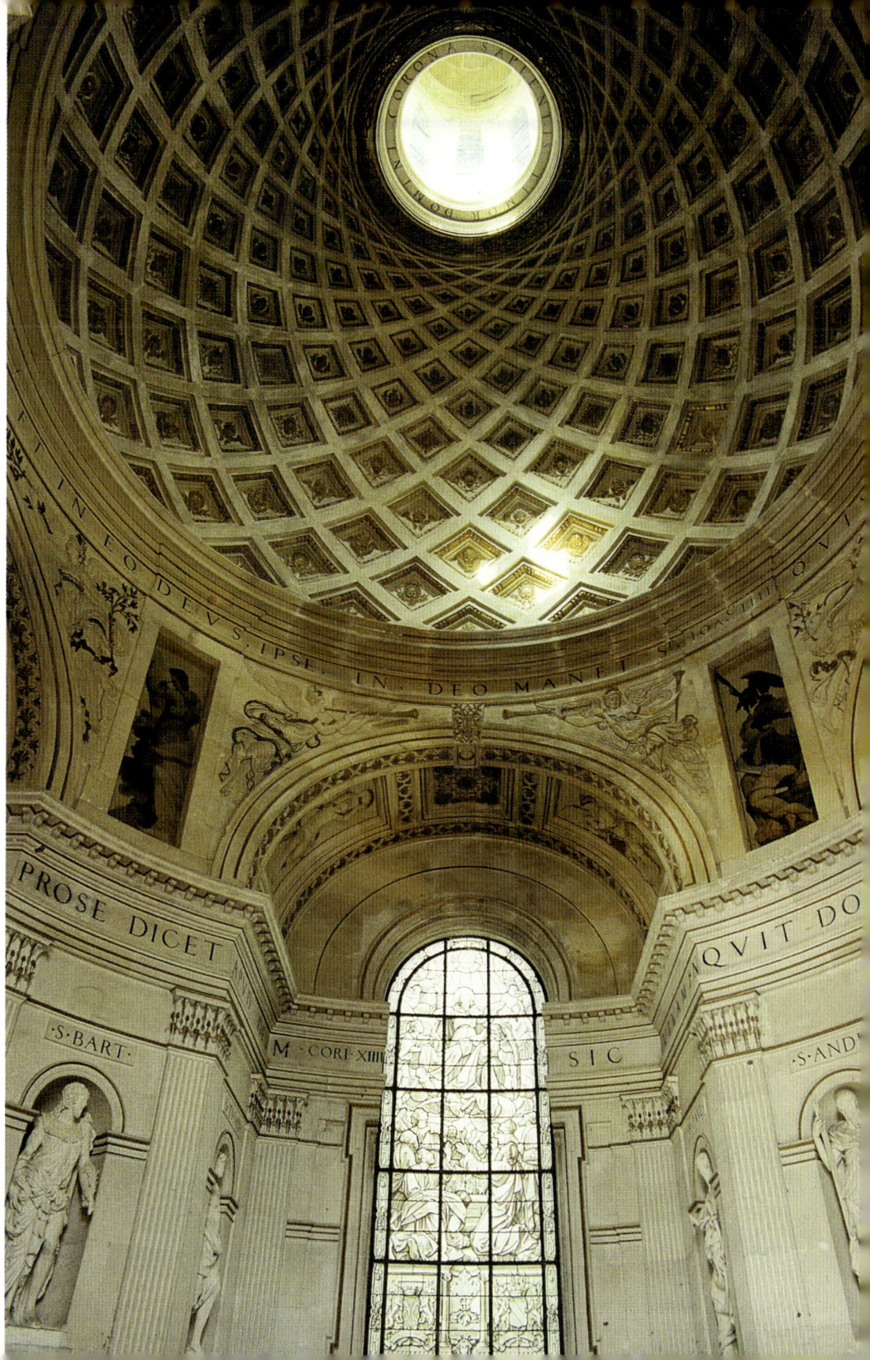

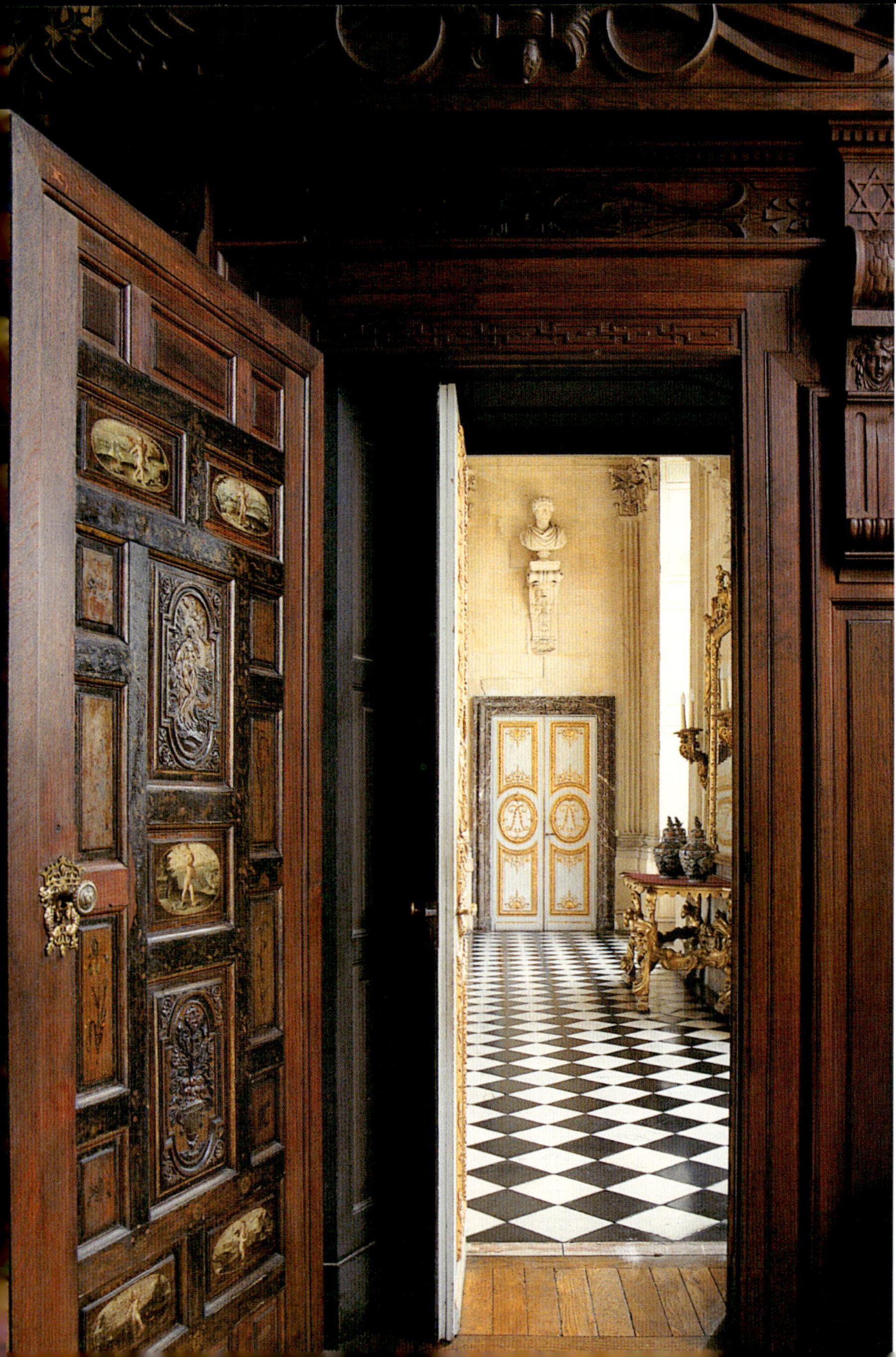

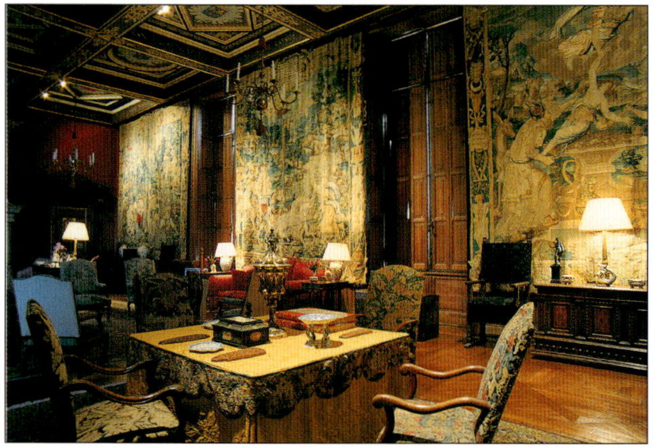

Intérieur de l'aile gauche du château d'Anet : la salle des Gardes, la chambre d'honneur et le grand escalier. *Diane de Poitiers est évoquée à la fois dans la salle des Gardes, ornée de quatre tapisseries racontant son histoire, et dans la chambre d'honneur, où les colonnes du lit sont sculptées de son emblème, le croissant. Réalisé entre 1680 et 1712, le grand escalier est l'une des nombreuses transformations apportées à l'aile gauche aux* XVIIe *et* XVIIIe *siècles.*

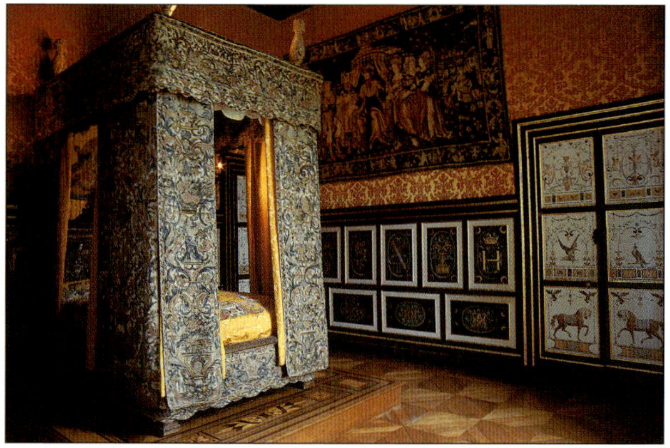

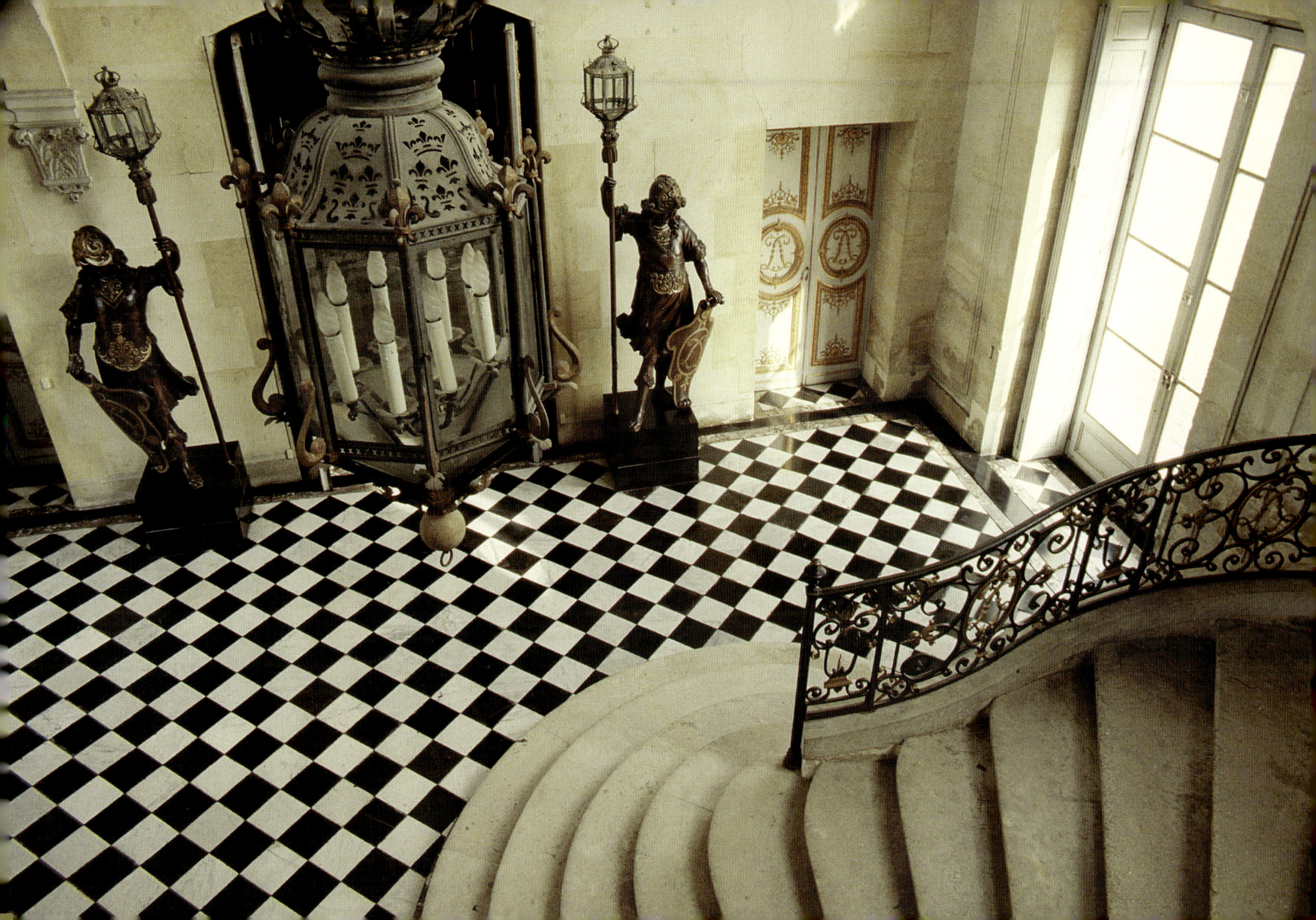

Le Loir naît, comme l'Eure, dans le Perche mais se jette dans la Loire alors que son homologue s'unit à la Seine. Il est formé des ruisseaux descendus de Champrond-en-Gâtine dont les eaux s'unissent et sourdent à la résurgence de la fontaine de Saint-Eman. La haute vallée du Loir constitue une sorte de frontière aussi naturelle qu'imprécise entre le Perche-Gouët et la Beauce dunoise. S'il reçoit par l'ouest de nombreux affluents venus du Perche, telles la Thironne, la Foussarde ou l'Ozanne, le Loir ne reçoit par l'est que la Conie, une résurgence de la plaine phréatique de la Beauce, tantôt rivière, tantôt marais.

IV. HAUTE VALLÉE DU LOIR

Illiers-Combray, Brou, Dangeau, Bonneval, Châteaudun

Illiers a été rebaptisé Illiers-Combray en 1971, en l'honneur de Marcel Proust (1871-1922), qui décrit dans son œuvre romanesque la cité de son enfance sous le nom de "Combray". Autant dire que la commune est un haut lieu de pèlerinage littéraire pour les inconditionnels d'*À la recherche du temps perdu*. Fils du célèbre hygiéniste Adrien Proust, le jeune Marcel vit avec ses parents dans la capitale, mais séjourne souvent à Illiers, jusqu'à sa dixième année. À partir de 1876, année d'inauguration de la gare, la famille emprunte le train depuis Paris pour se rendre chez Élisabeth,

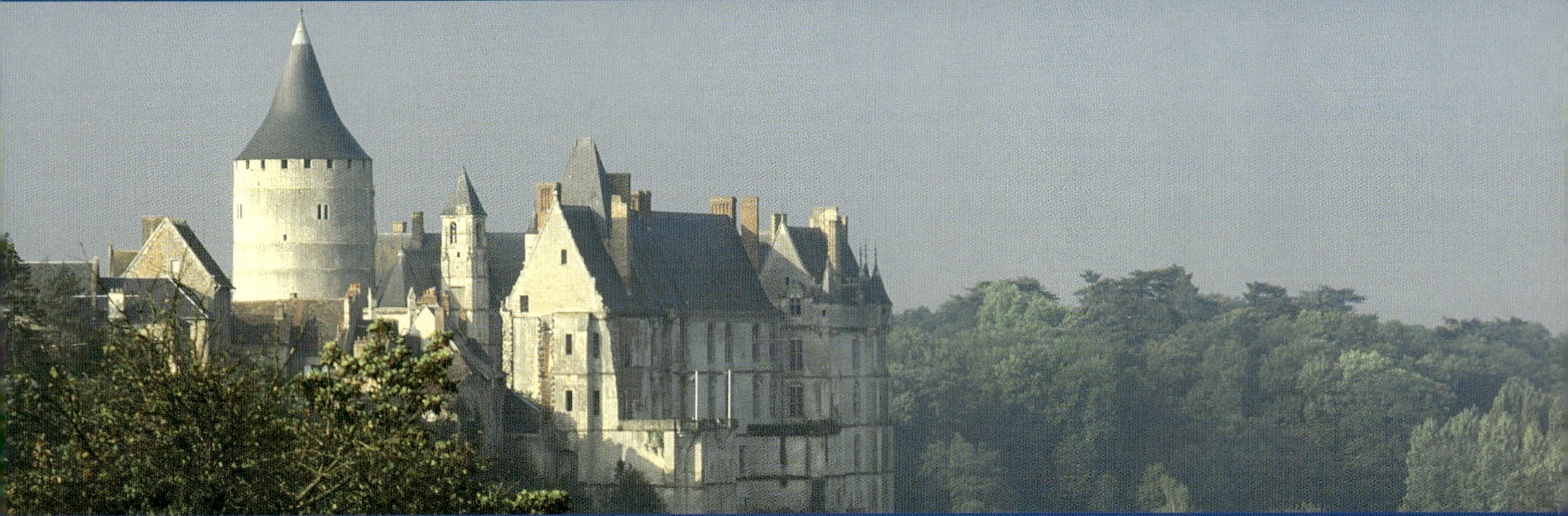

Châteaudun.

la sœur d'Adrien, marié à Jules Amiot, au n° 4, rue du Saint-Esprit. La petite-fille d'Elisabeth, la "tante Léonie" du roman, a légué la maison à la Société des Amis de Marcel Proust et des Amis de Combray, qui a aménagé les lieux en musée dédié à l'écrivain. Les Proust traversent, en se rendant à la messe dominicale, la place du marché où les grands-parents de Marcel tenaient auparavant une épicerie. À la belle saison, ils vont au Pré Catelan crée par Jules Amiot au bord du Loir, jardin qui deviendra le parc de Swann de "Combray". Le pèlerinage peut se poursuivre dans la campagne alentour jusqu'aux châteaux de Tansonville et de Villebon, résidences respectives de Swann et des Guermantes sous la plume de Proust.

Brou était au Moyen Âge la plus importante des cinq baronnies du Perche-Gouët et l'un des plus importants marchés aux volailles du royaume. Figure tutélaire de la cité, Florimond Robertet, trésorier de France puis secrétaire des Finances, fut seigneur de Brou de 1505 à 1533. Il fit percer plusieurs rues, construire l'ancêtre des halles actuelles et édifier, sur ordre de Louis XII, une belle demeure aux pans de bois sculptés devenue de nos jours la vitrine des antiquaires.

Dangeau possède, bien qu'il ne soit qu'un gros village, une grande église dotée d'un chœur à déambulatoire. Elle a été bâtie au début du XIIe siècle sur le modèle de l'ancienne cathédrale romane de Chartres. Elle s'est vue adjoindre un faux transept au XVIe siècle et une pittoresque tour-clocher en bois au XIXe siècle. La place du village est bordée de deux belles maisons à pans de bois sculptés du XVIe siècle.

Bonneval est demeurée, jusqu'à la Révolution, indissociable de l'abbaye bénédictine Saint-Florentin. Dépositaire des reliques du saint, cette abbaye fondée en 857 a été réformée en 1660 par la congrégation de Saint-Maur puis vendue comme bien national en 1793. Elle abrite désormais un centre psychiatrique. Élevé par l'évêque de Chartres René d'Illiers en 1490, le logis abbatial, avec son appareil en damier, se distingue par son élégance. Le magnifique cloître à voûtes d'arêtes de 1735 a été préservé, alors qu'il ne subsiste de l'église abbatiale romane, détruite en 1793, que quelques arcatures. L'église paroissiale, bâtie comme la cathédrale de Chartres entre la fin du XIIe et le début du XIIIe siècle, se singularise par la coupole polygonale couvrant la sixième travée de la nef.

Châteaudun se dresse sur un promontoire rocheux dominant la vallée du Loir. Occupé dès l'âge du Bronze, ce site stratégique est investi par un oppidum à l'époque celtique, une cité fortifiée à l'époque gallo-romaine et un château fort à l'époque médiévale. Au terme des invasions normandes, Châteaudun devient la capitale du comté du Dunois, aux mains des comtes de Blois. La cité s'enrichit, ce qui permet, au cours du XIIe siècle, de construire successivement l'église de la Madeleine puis l'église Saint-Vincent. À la fin de la guerre de Cent Ans, le bâtard Jean d'Orléans reprend Chartres aux Anglais en 1432 puis dirige, pour le compte de Charles VII, la reconquête de la Normandie et de la Guyenne. Il reçoit en 1439 le comté de Dunois, devenant Jean de Dunois, et fait reconstruire le château. Il ne conserve, de la forteresse bâtie à la fin du XIIe siècle par les comtes de Blois, que le donjon circulaire toujours visible de nos jours. Il lance la construction de la Sainte-Chapelle en 1451 puis d'un corps de logis en 1459. Son petit-fils, François II de Longueville, fait élever par la suite, entre 1510 et 1524, un deuxième corps de logis. Châteaudun est, à cette époque, extrêmement prospère. L'installation des comtes du Dunois en terres normandes et le déplacement de la cour en région parisienne ont alors peu à peu raison de son économie. La ville devra attendre les années 1950 pour renouer véritablement avec la croissance.

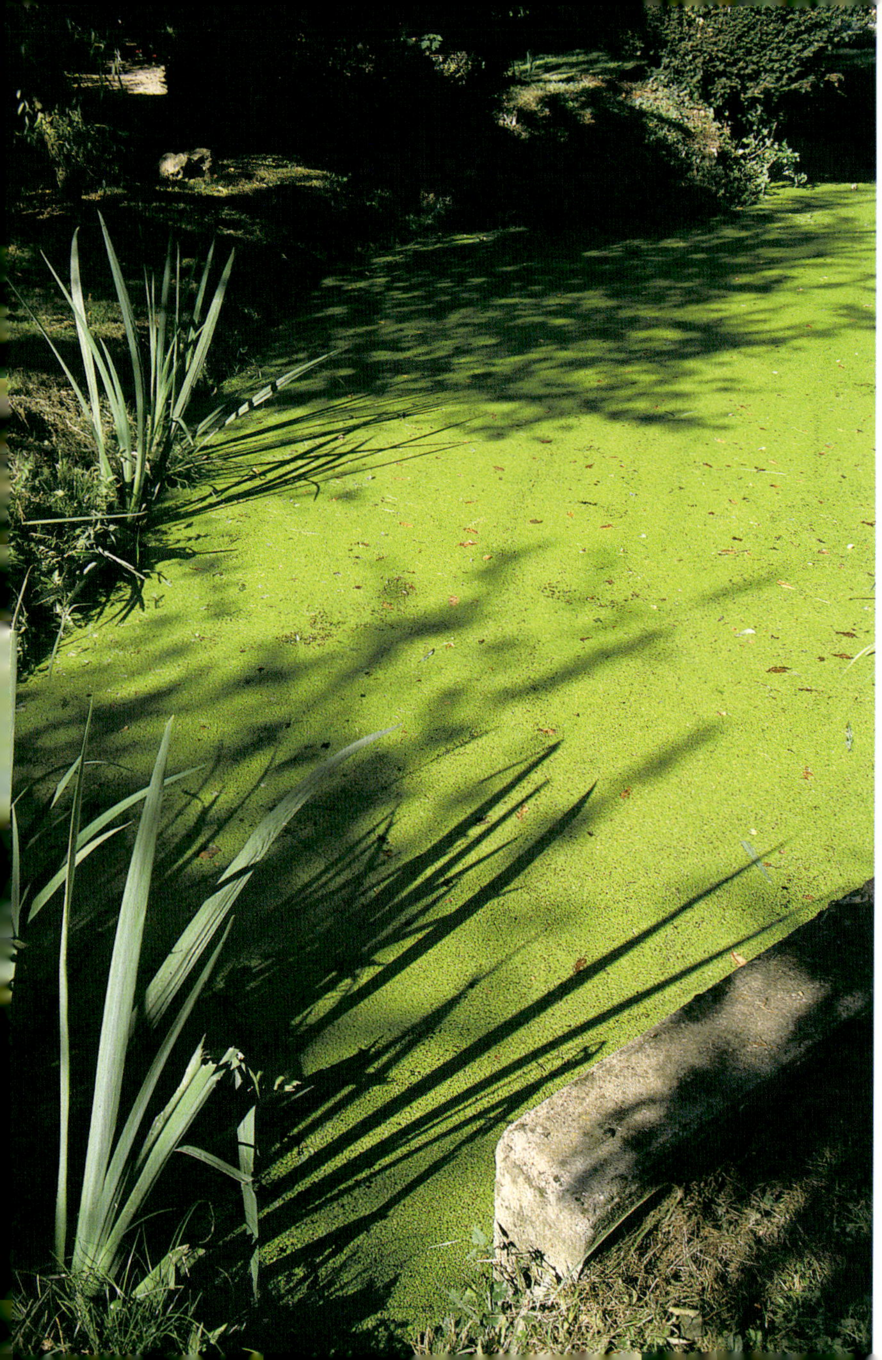

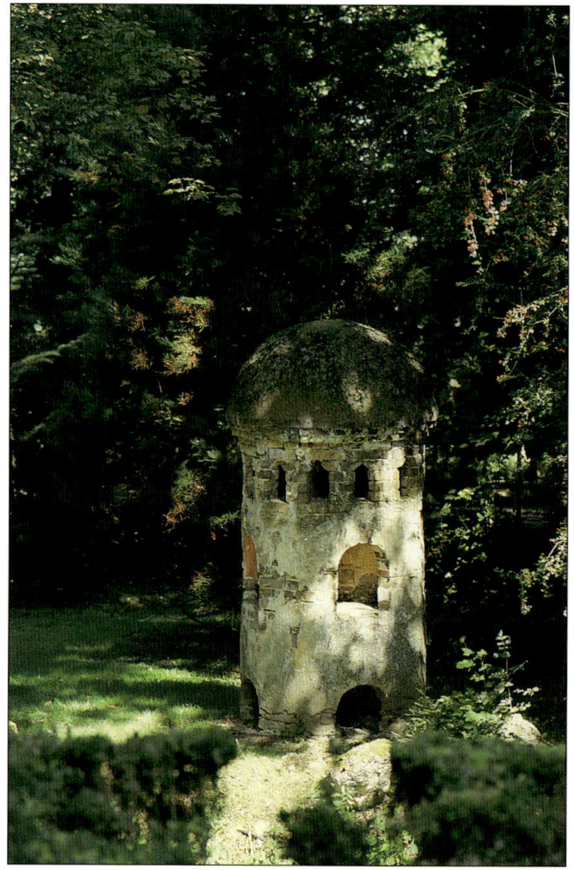

Illiers-Combray : le Pré-Catelan et le musée Marcel Proust, installé dans la maison de "tante Léonie".
Marcel Proust (1871-1922) séjourna régulièrement à Illiers jusqu'à sa dixième année. Se nourrissant de ses souvenirs d'enfance, il en fit le "Combray" d'À la recherche du temps perdu. *La maison de la tante Élisabeth devint la maison de "tante Léonie" et le Pré-Catelan de l'oncle Jules le parc de Swann.*

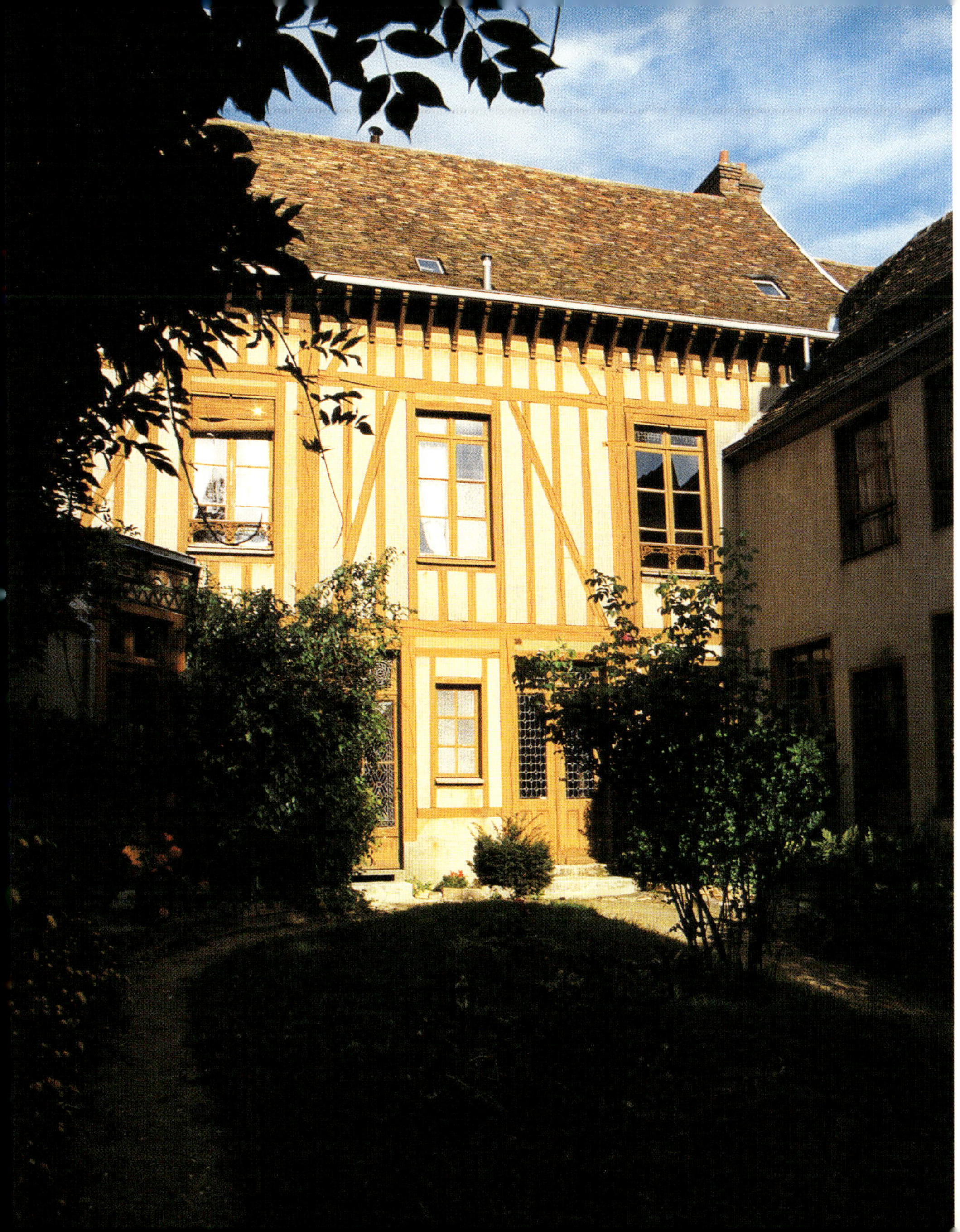

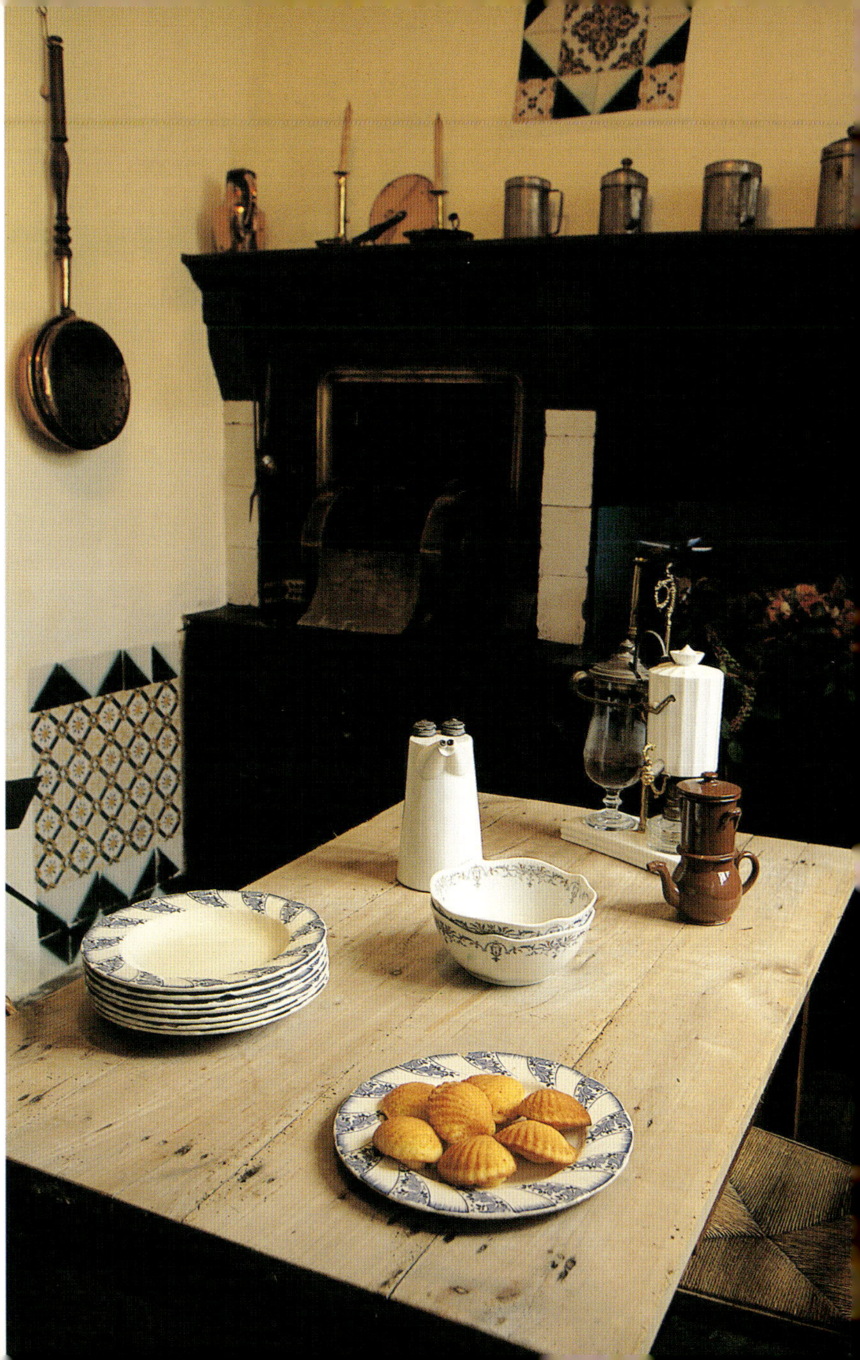

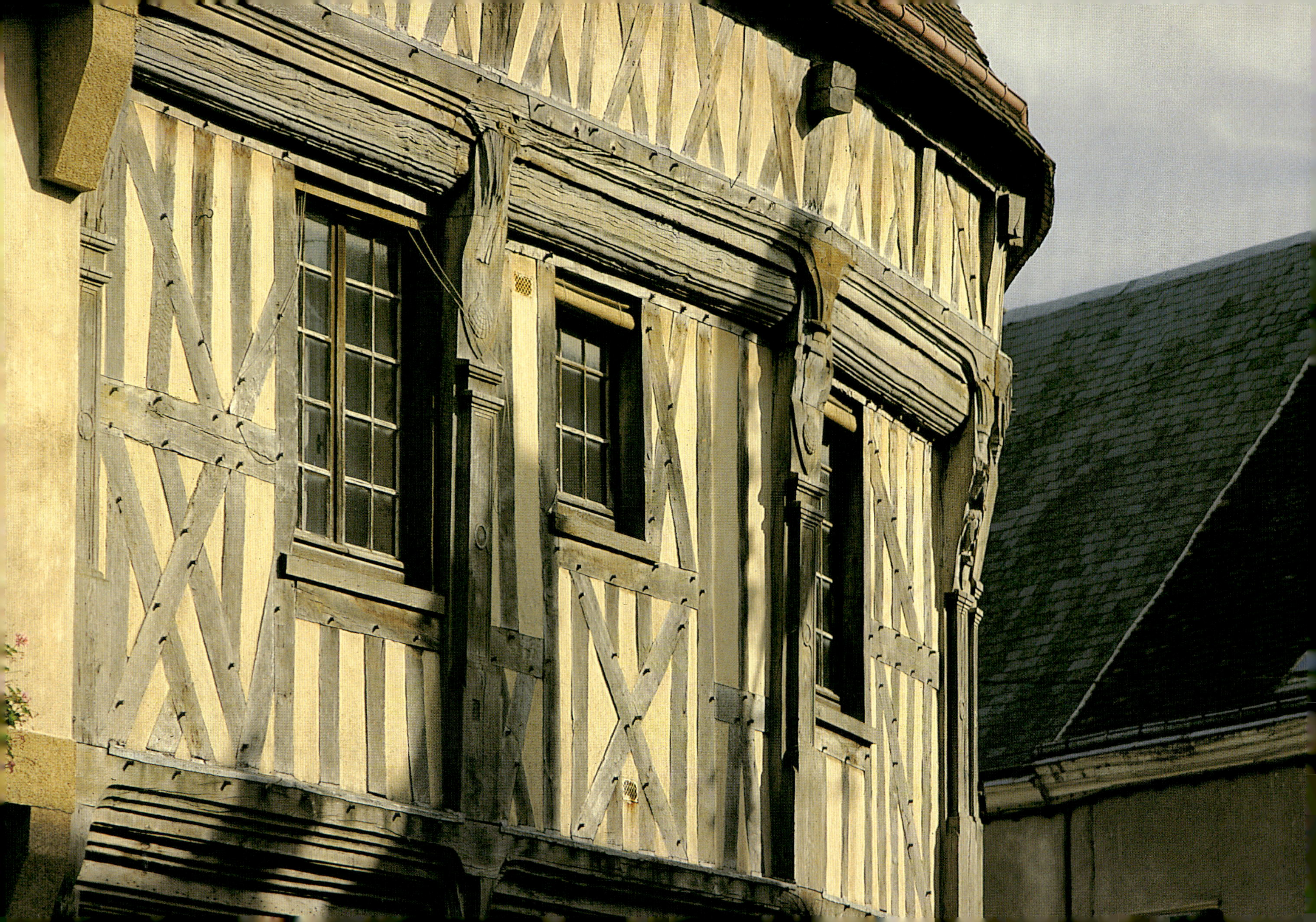

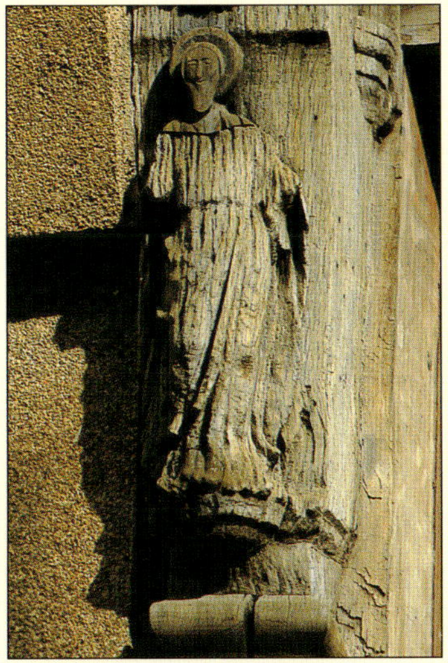
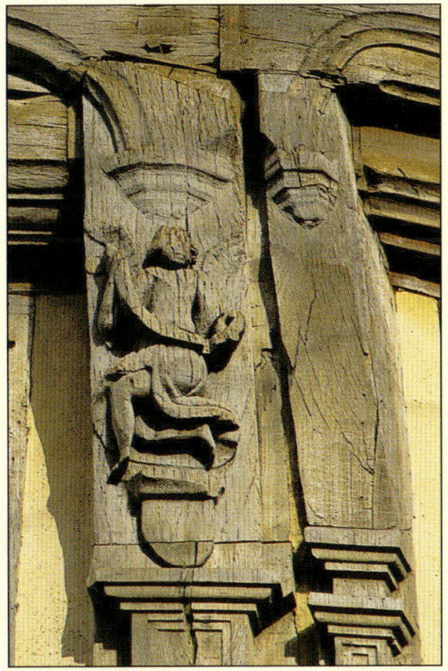
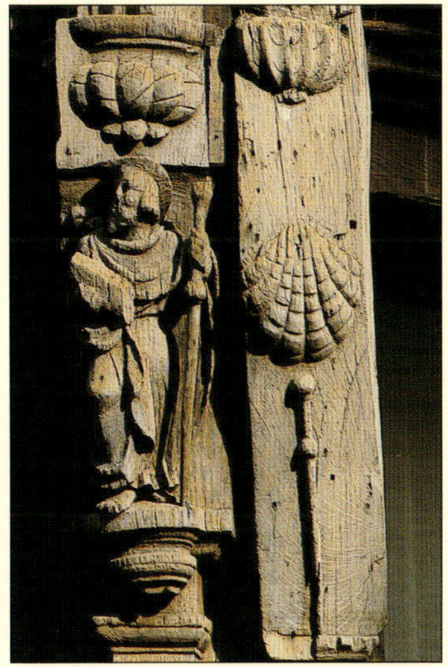
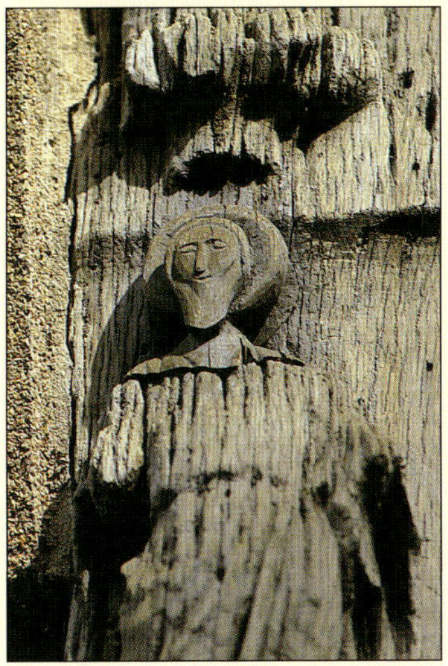
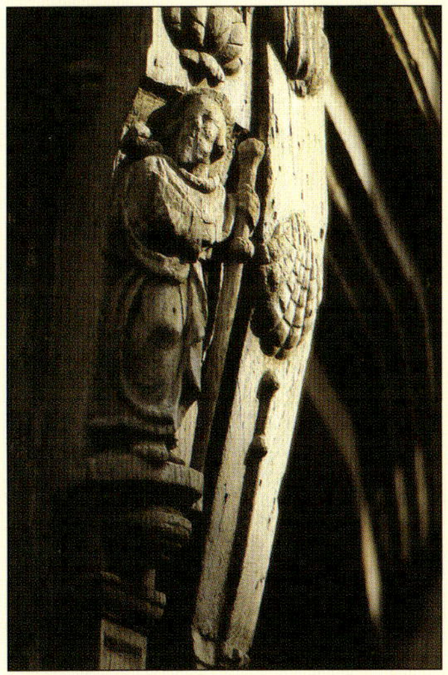
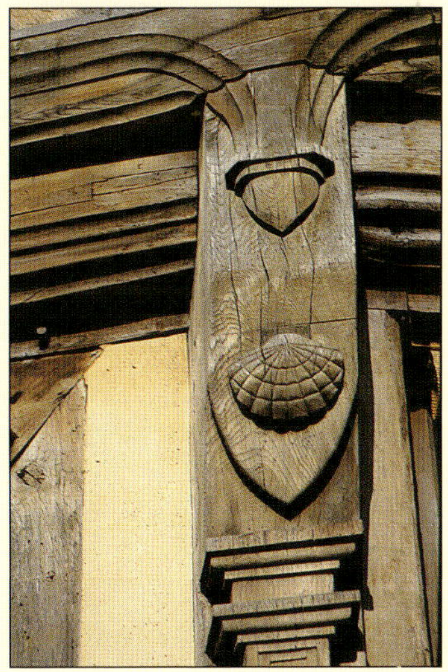

Brou : maisons à pans de bois sculptés.
Ancienne baronnie du Perche-Gouët, Brou tire au Moyen Âge sa prospérité de ses marchés, celui aux volailles étant même l'un des plus importants du royaume. Le vieux bourg compte deux belles maisons à pans de bois sculptés des XVe *et* XVIe *siècles. Celle portant un porc-épic, emblème de Louis XII, a hébergé le roi de France. La représentation de saint Jacques et de pèlerins sur certaines façades évoque la halte qu'était Brou sur le chemin de Compostelle.*

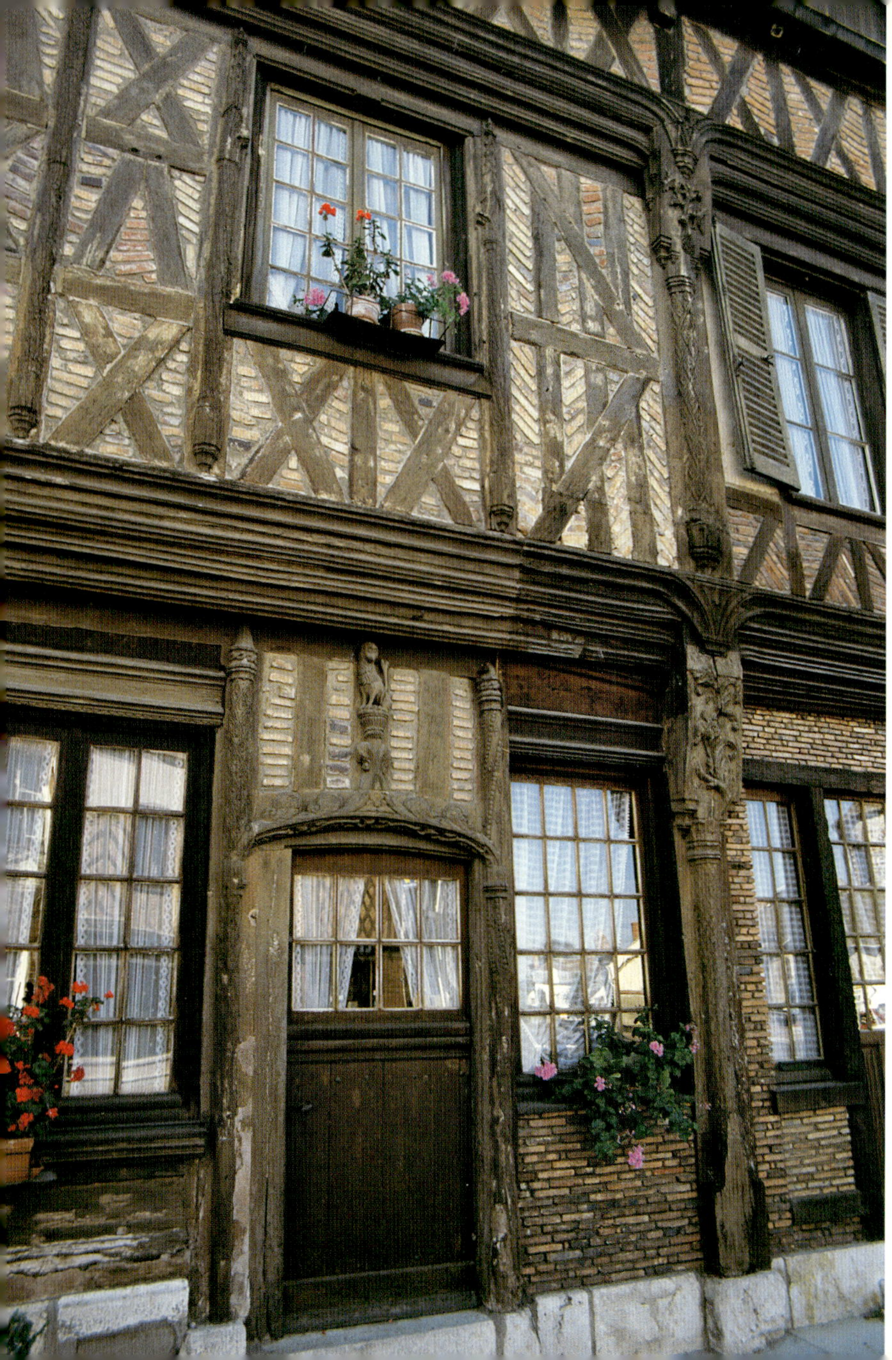
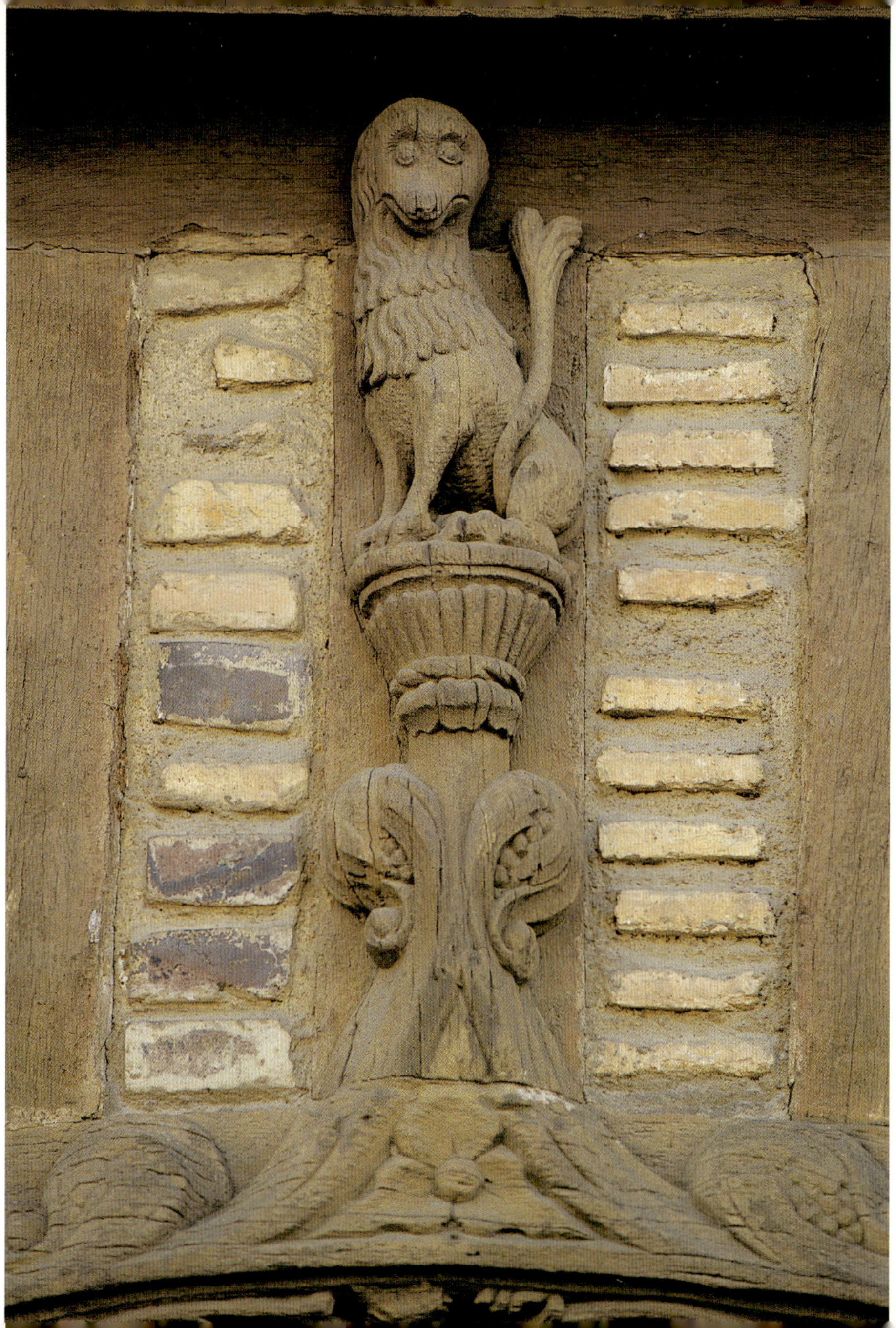

Dangeau : les maisons à pans de bois et l'église du village. *Deux belles maisons à pans de bois sculptés du XVIe siècle se dressent sur la place du village. La grande église paroissiale, construite pour l'essentiel au début du XIIe siècle, est décorée d'un superbe triptyque en pierre du XVIe siècle et de statues en bois des XVe et XVIe siècles.*

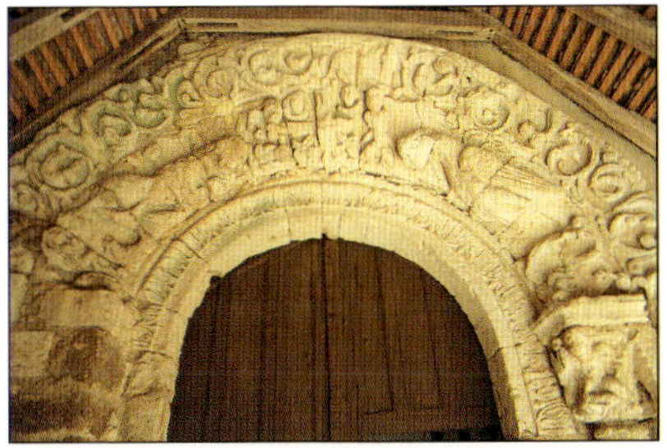

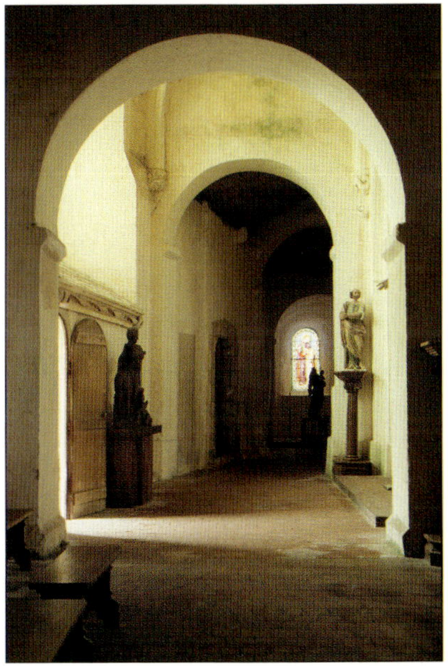

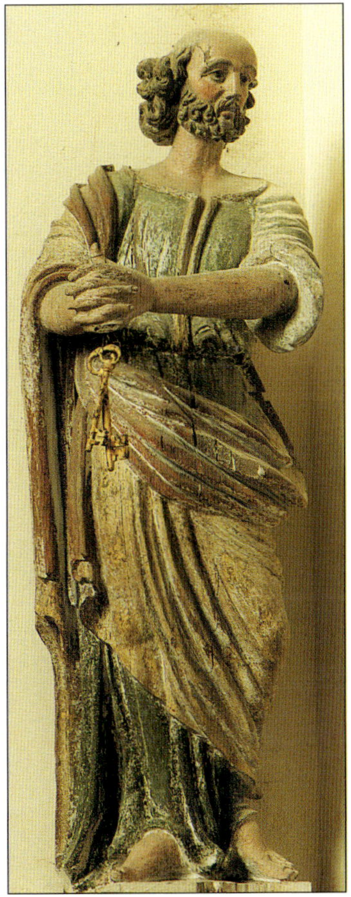

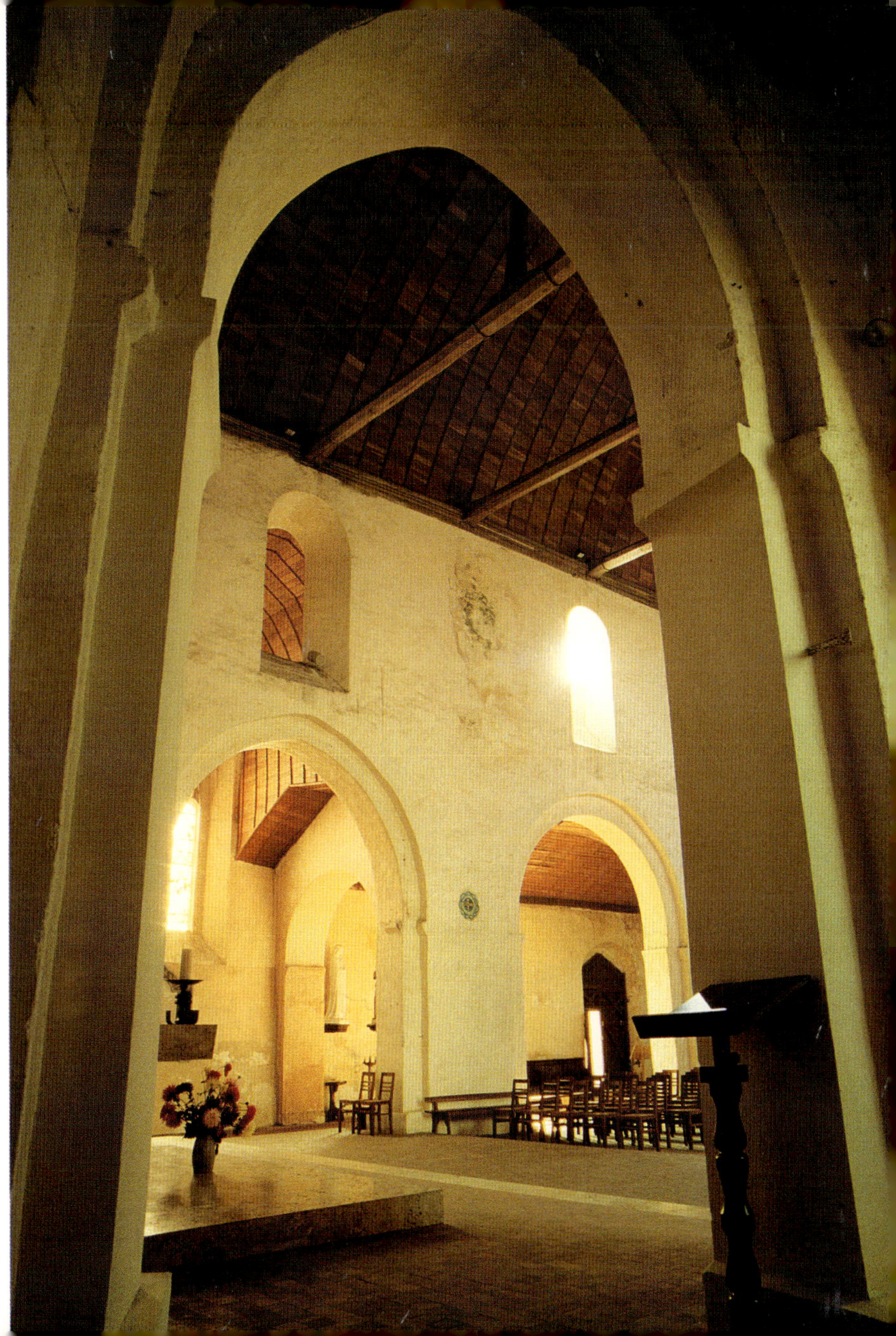

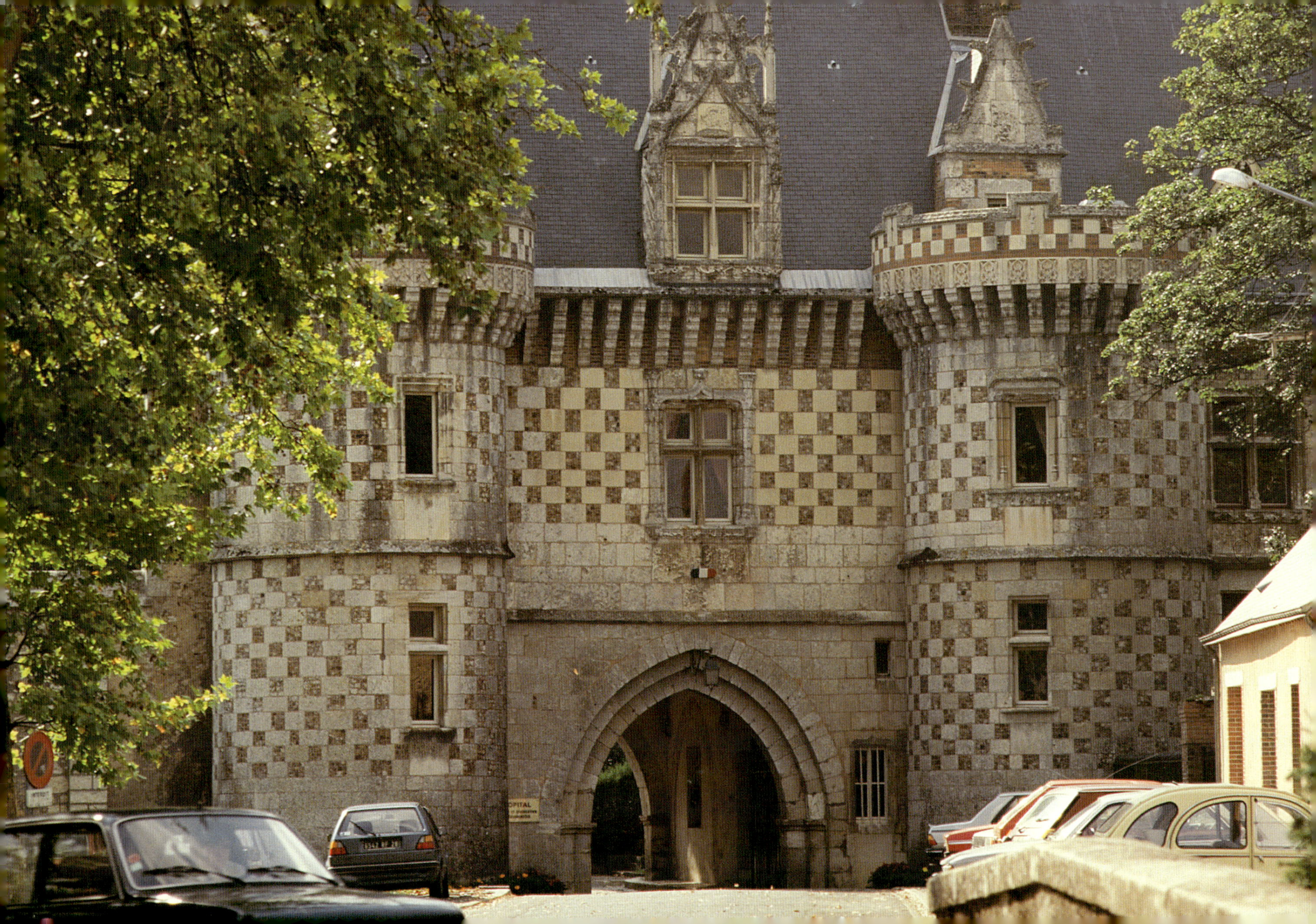

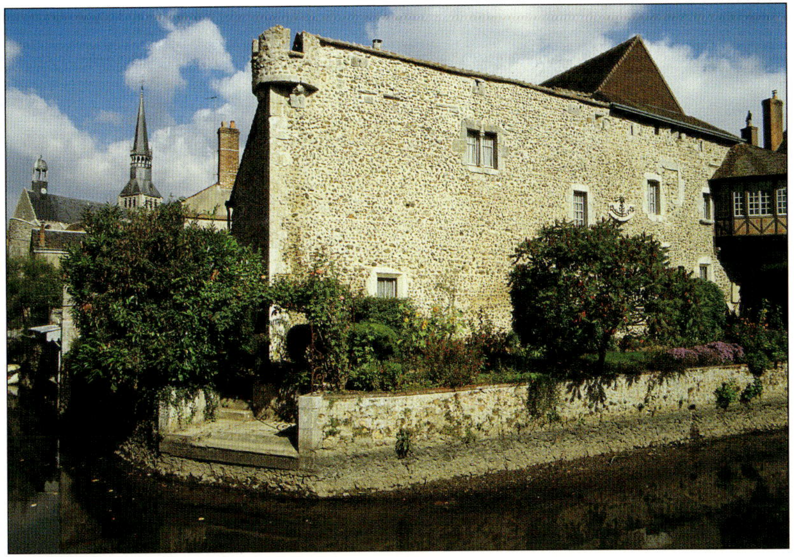

Le Loir, le pont du Moulin, la porte de Boisville et les anciens remparts. *Arrosant la vieille ville, le Loir continue d'alimenter les fossés des fortifications des XIIIe et XIVe siècles. Il est possible de découvrir Bonneval au fil de l'eau en louant de petites embarcations motorisées sur la place de la Grève.*

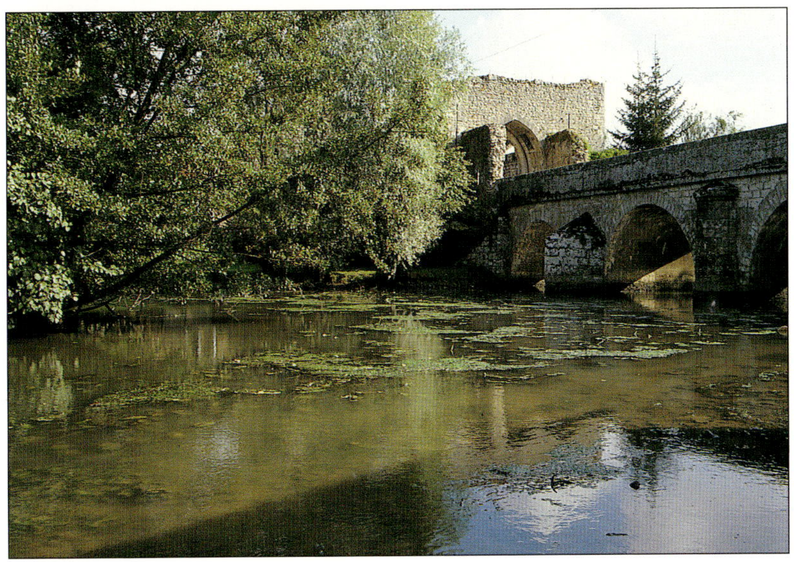

Bonneval : l'entrée du logis abbatial. *Fondée à Bonneval en 857, la puissante abbaye bénédictine de Saint-Florentin a profondément influé sur la vie de la cité jusqu'à la Révolution. Bâti par l'évêque de Chartres René d'Illiers à la fin du XVIe siècle, l'élégant logis abbatial intègre un austère porche du XIIIe siècle.*

Châteaudun : le château et les bords de Loir. *Place forte depuis l'Antiquité, Châteaudun occupe une éminence rocheuse sur les hauteurs de la vallée du Loir. Il ne subsiste de la forteresse médiévale bâtie par les comtes de Blois au* XII*e siècle que le puissant donjon circulaire. Les parties plus récentes du château se composent de l'aile de Dunois et de la Sainte-Chapelle du* XV*e siècle, ainsi que de l'aile de Longueville du* XVI*e siècle.*

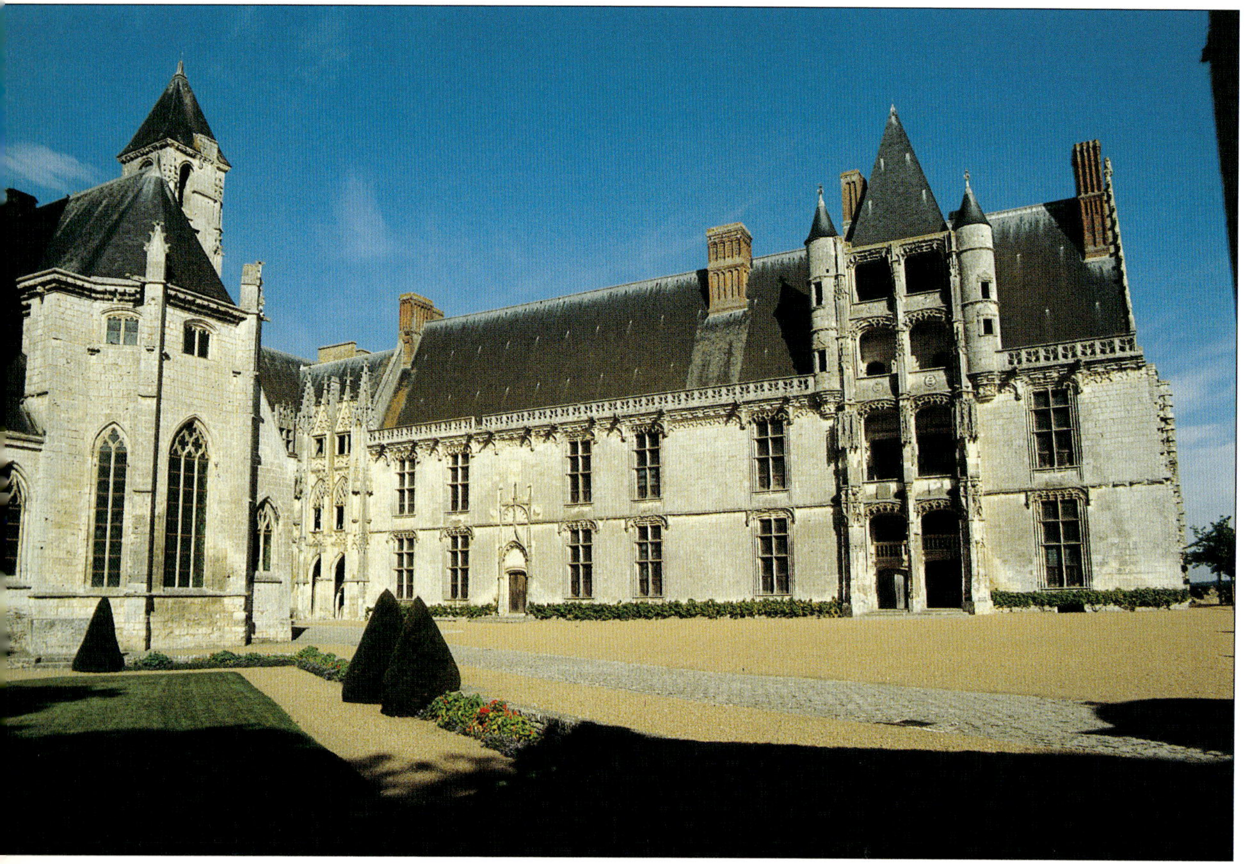

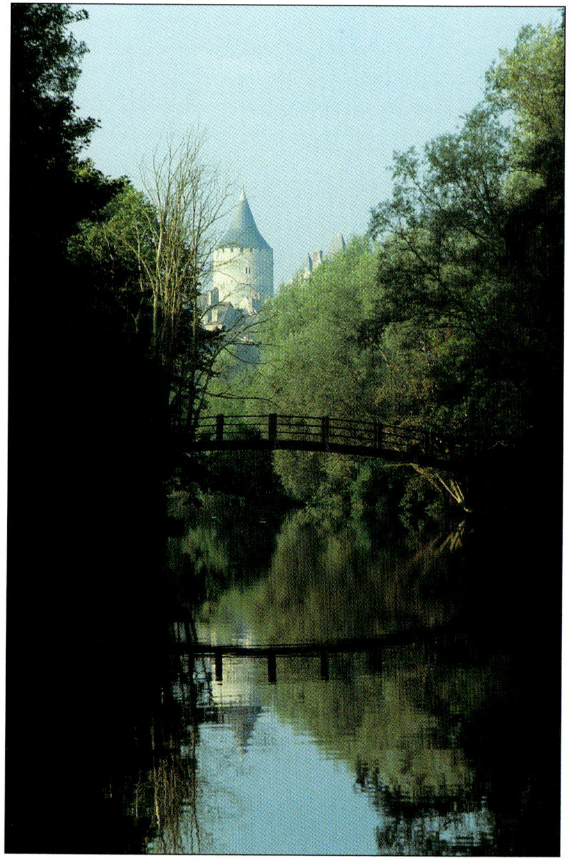

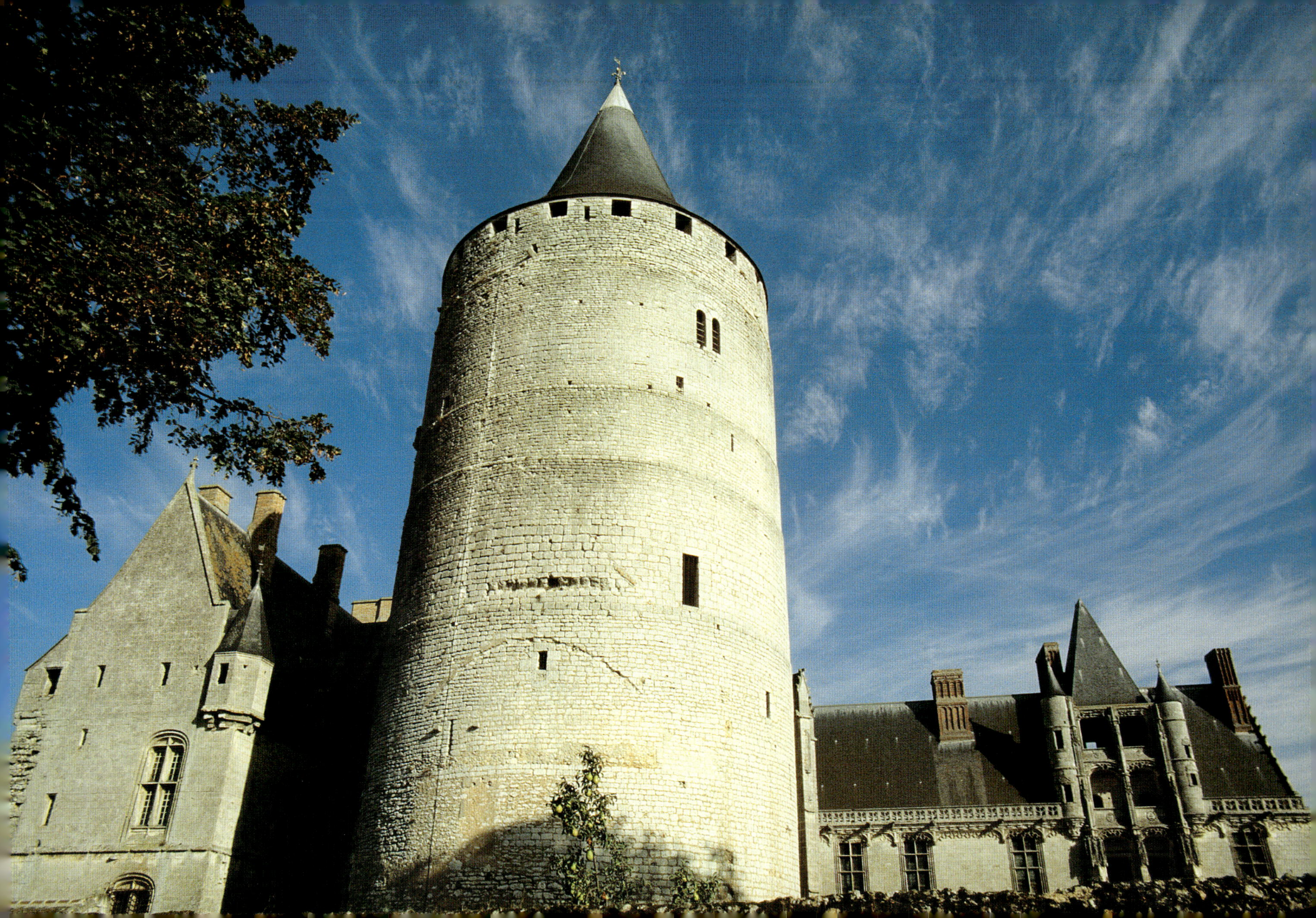

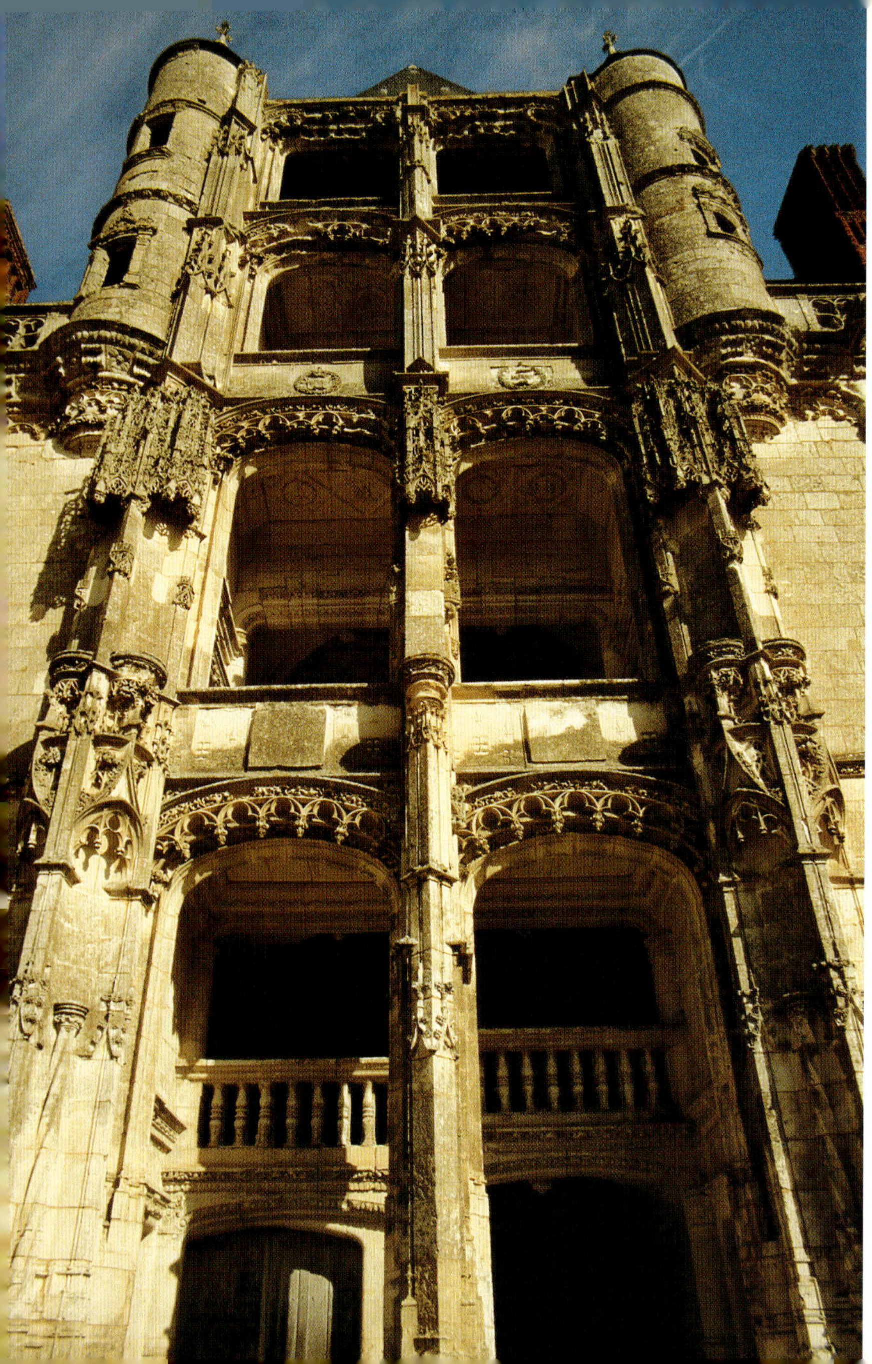

L'escalier de l'aile de Longueville (aile nord). *Il a été élevé en même temps que l'aile à laquelle il appartient, entre 1510 et 1524. Son décor est, comme celui de la façade, essentiellement flamboyant, à l'exception de la corniche et de l'encadrement des petites baies des tourelles, de style Renaissance.*

L'escalier de l'aile de Dunois (aile ouest). *Au raccordement des deux corps de logis, l'escalier de l'aile de Dunois a été conçu vers 1460 mais a reçu son décor flamboyant plus tard, vers 1495. Il présente deux innovations majeures. Il est d'une part intégré au bâtiment et non plus isolé dans une tour, et d'autre part éclairé par de grandes baies sur ses paliers.*

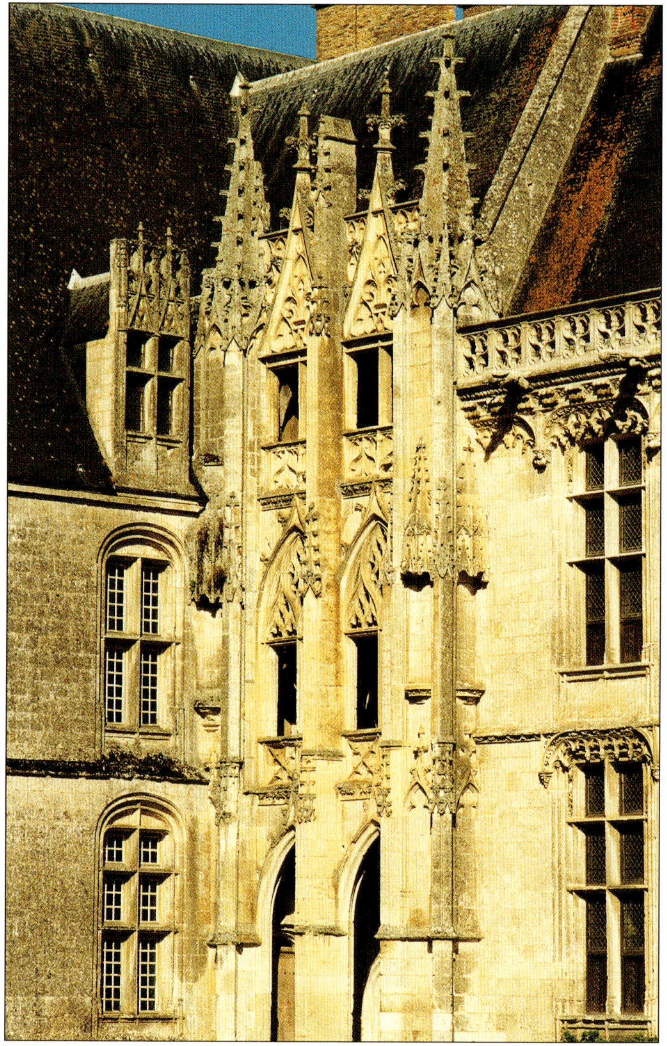

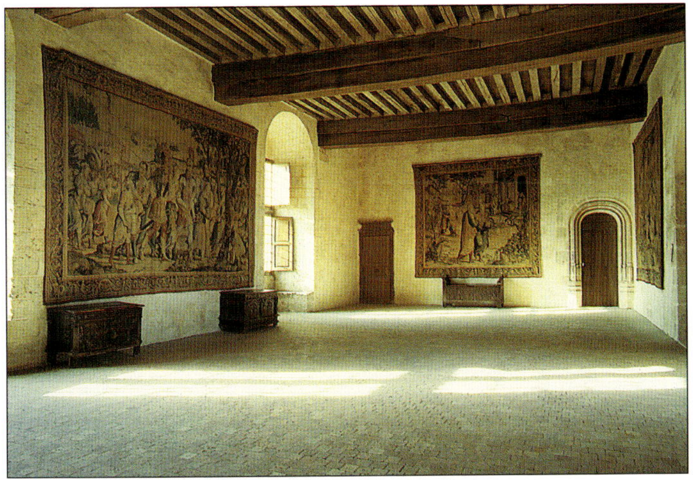

Grande salle et escalier à vis dans l'aile de Dunois,
cheminée Renaissance dans l'aile de Longueville.

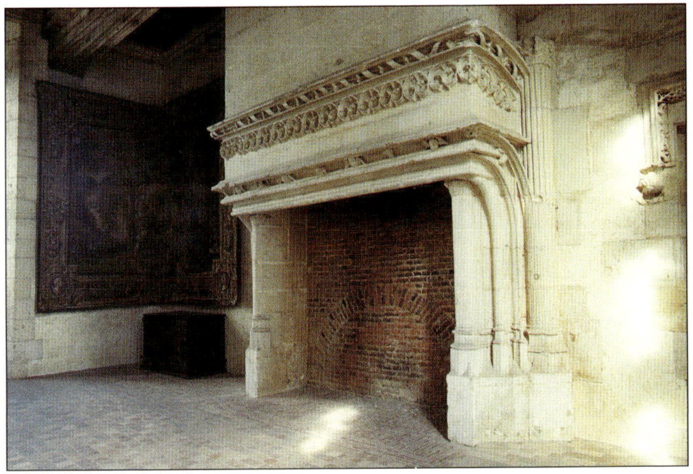

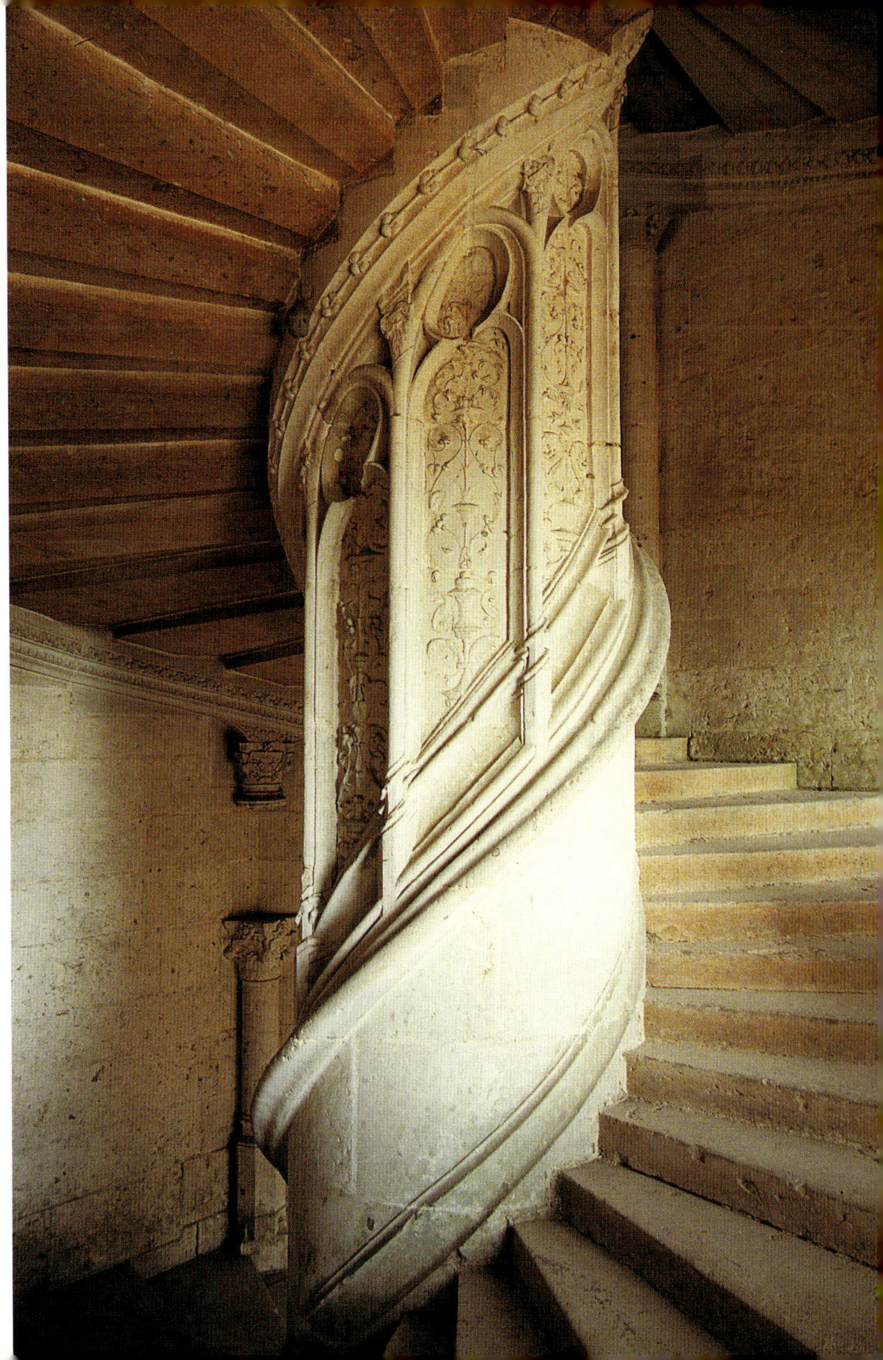

Château de Châteaudun : la Sainte-Chapelle.
Édifiée en trois campagnes successives de travaux entre 1451 et 1494, cette chapelle est de style flamboyant. Elle abrite un remarquable ensemble de statues polychromes du XVe siècle.

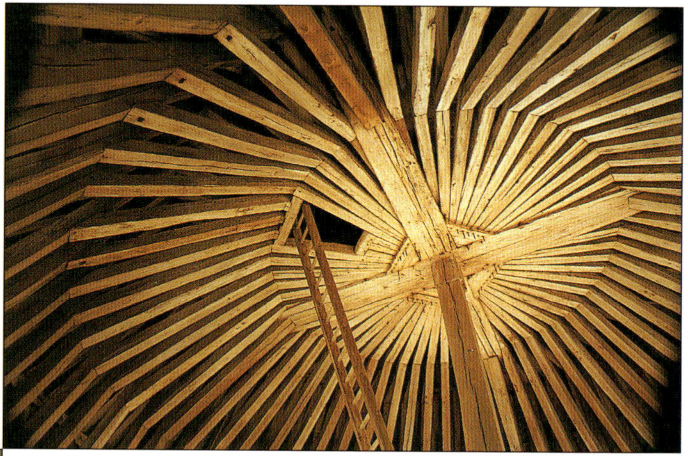

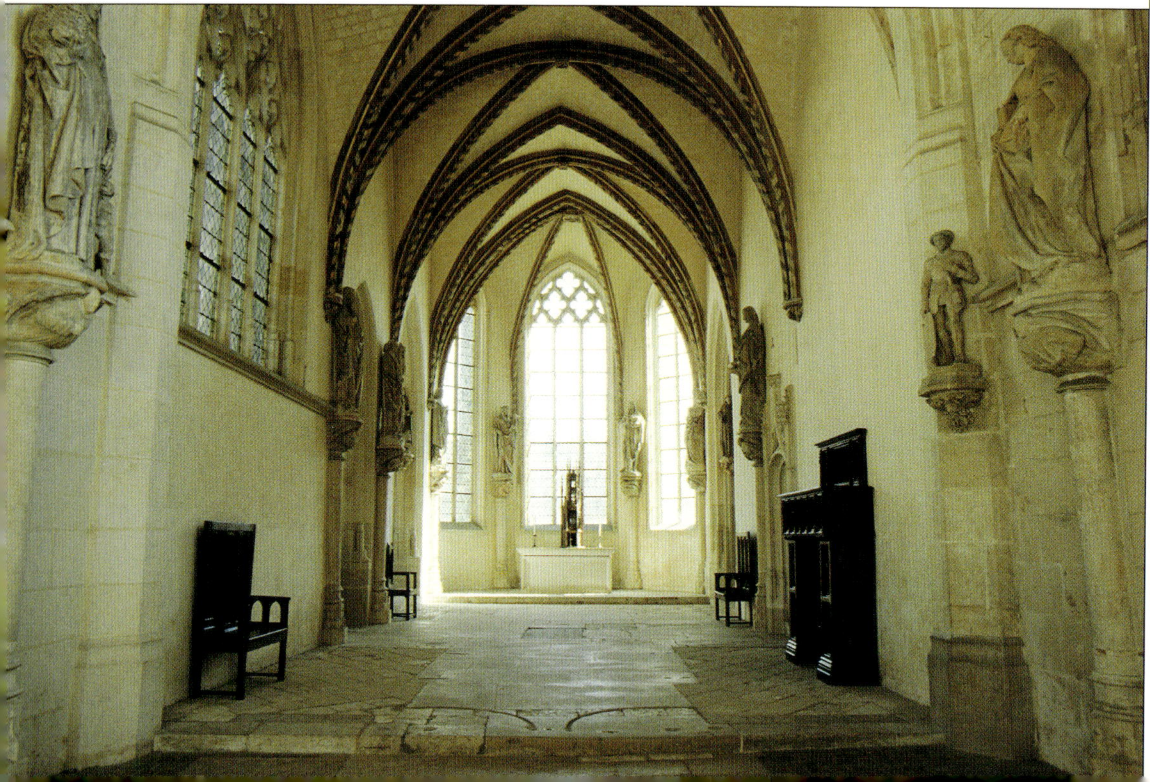

La charpente du donjon et la voûte lambrissée de la Sainte-Chapelle.
La belle charpente du donjon, loin d'être d'origine, a été rajoutée au XVe siècle. La nef de la Sainte-Chapelle date de la deuxième moitié du XVe siècle. Elle est surmontée d'une salle couverte d'une voûte lambrissée.

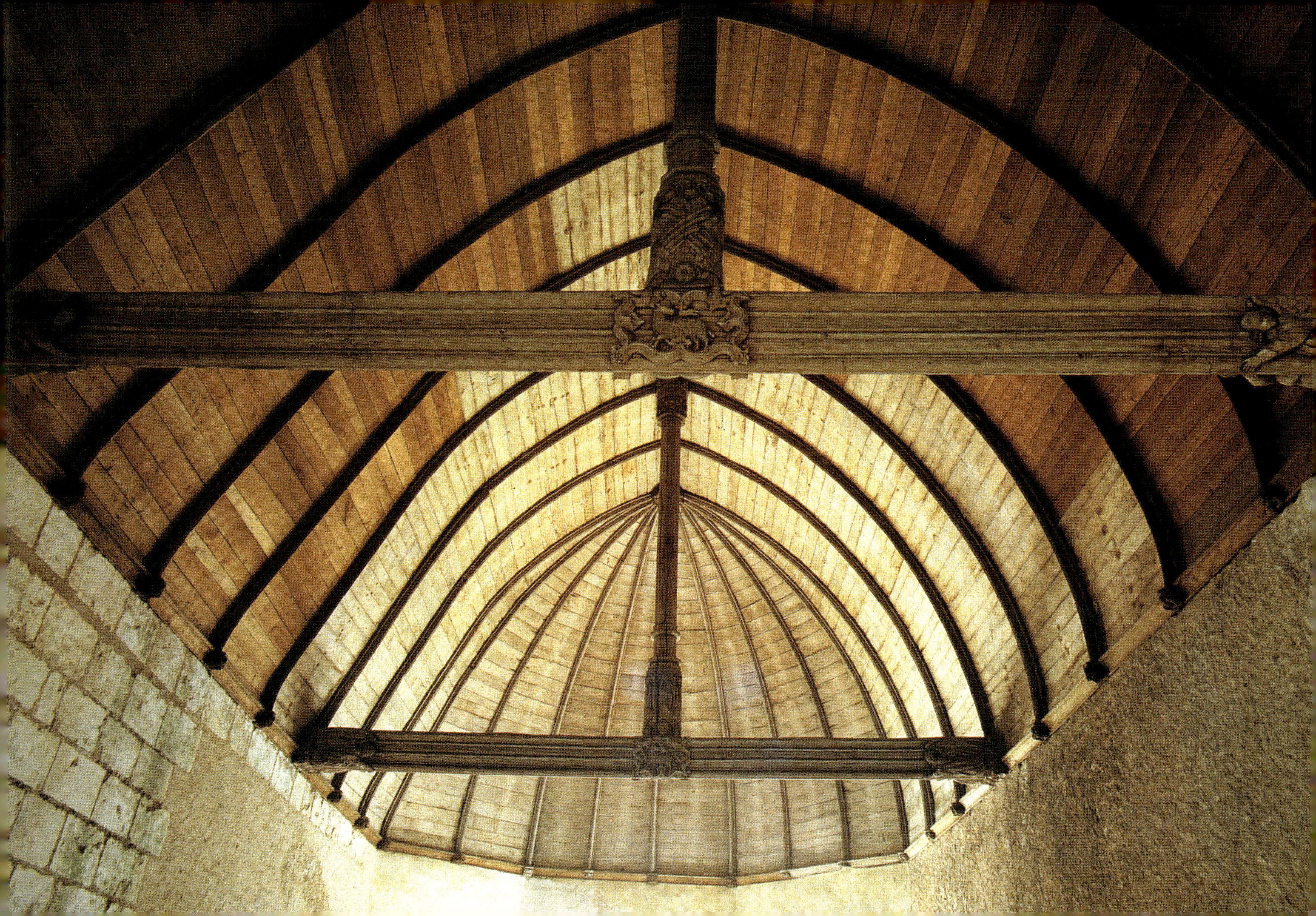

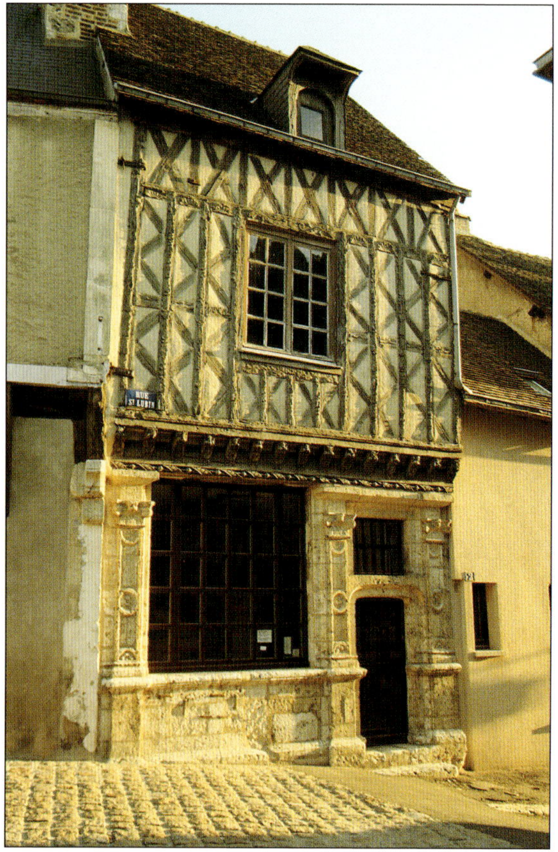

Châteaudun : la rue Saint-Lubin. *Avec son caniveau central et ses maisons à pans de bois des XVe et XVIe siècles, la rue Saint-Lubin est la plus pittoresque des rues de Châteaudun.*

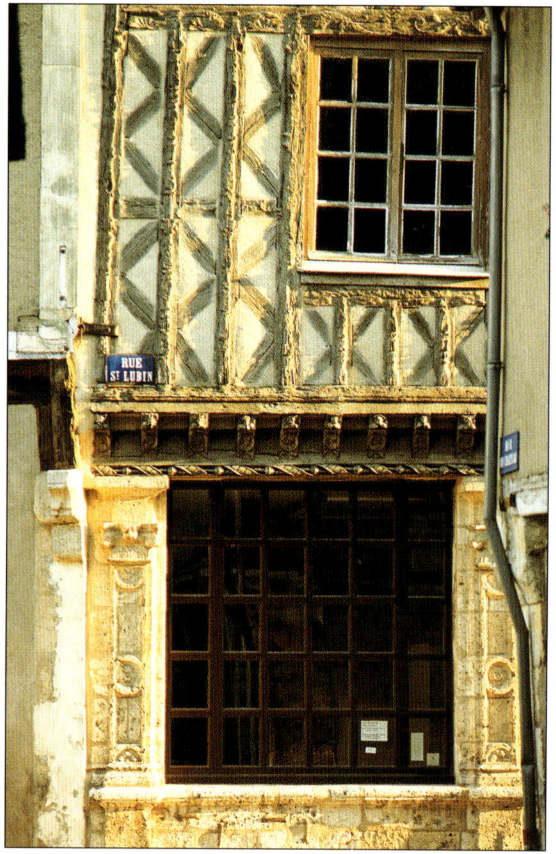

Châteaudun : le logis des Abbés. *Sise à l'angle de la rue de la Cuirasserie, cette belle demeure a été édifiée en 1577. Sa façade, alourdie par une tourelle d'angle, annonce néanmoins le style classique de la Renaissance.*

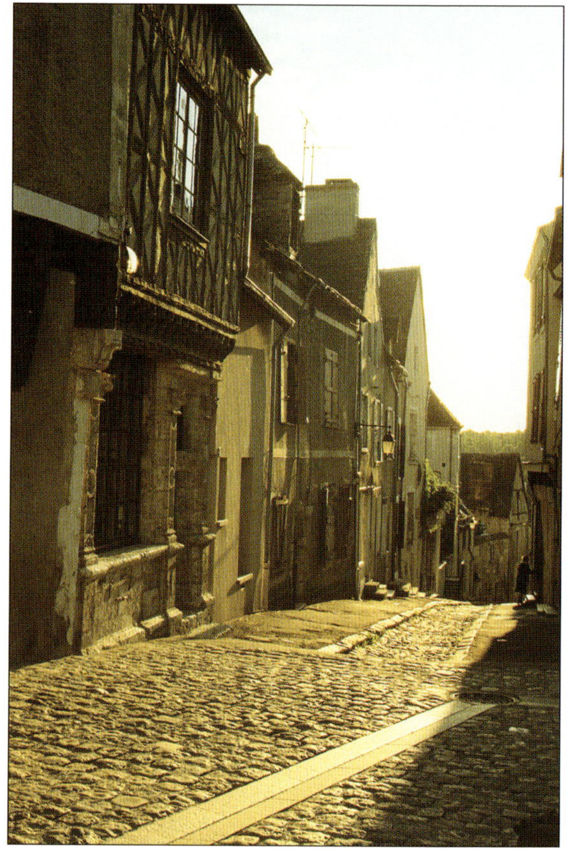

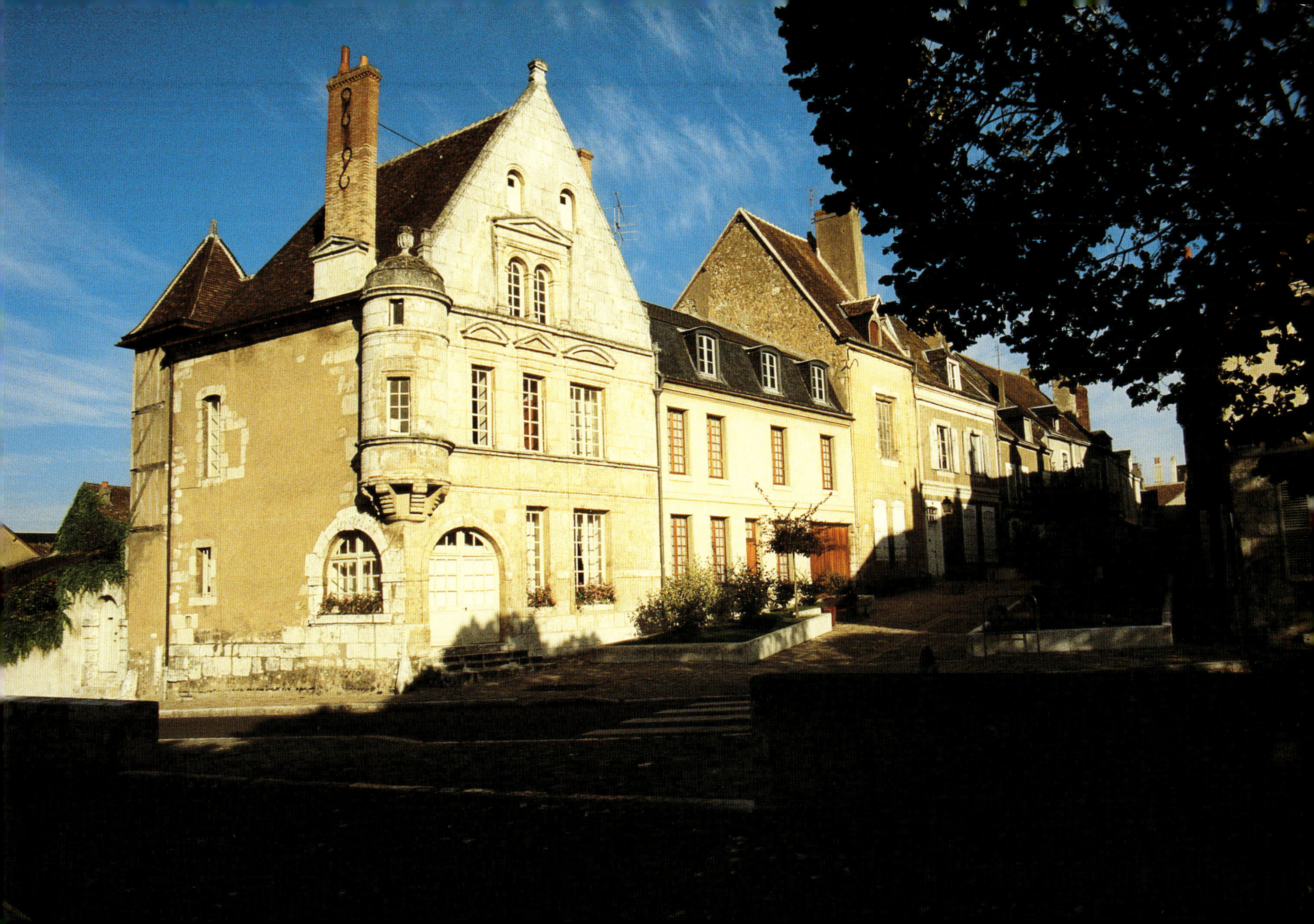

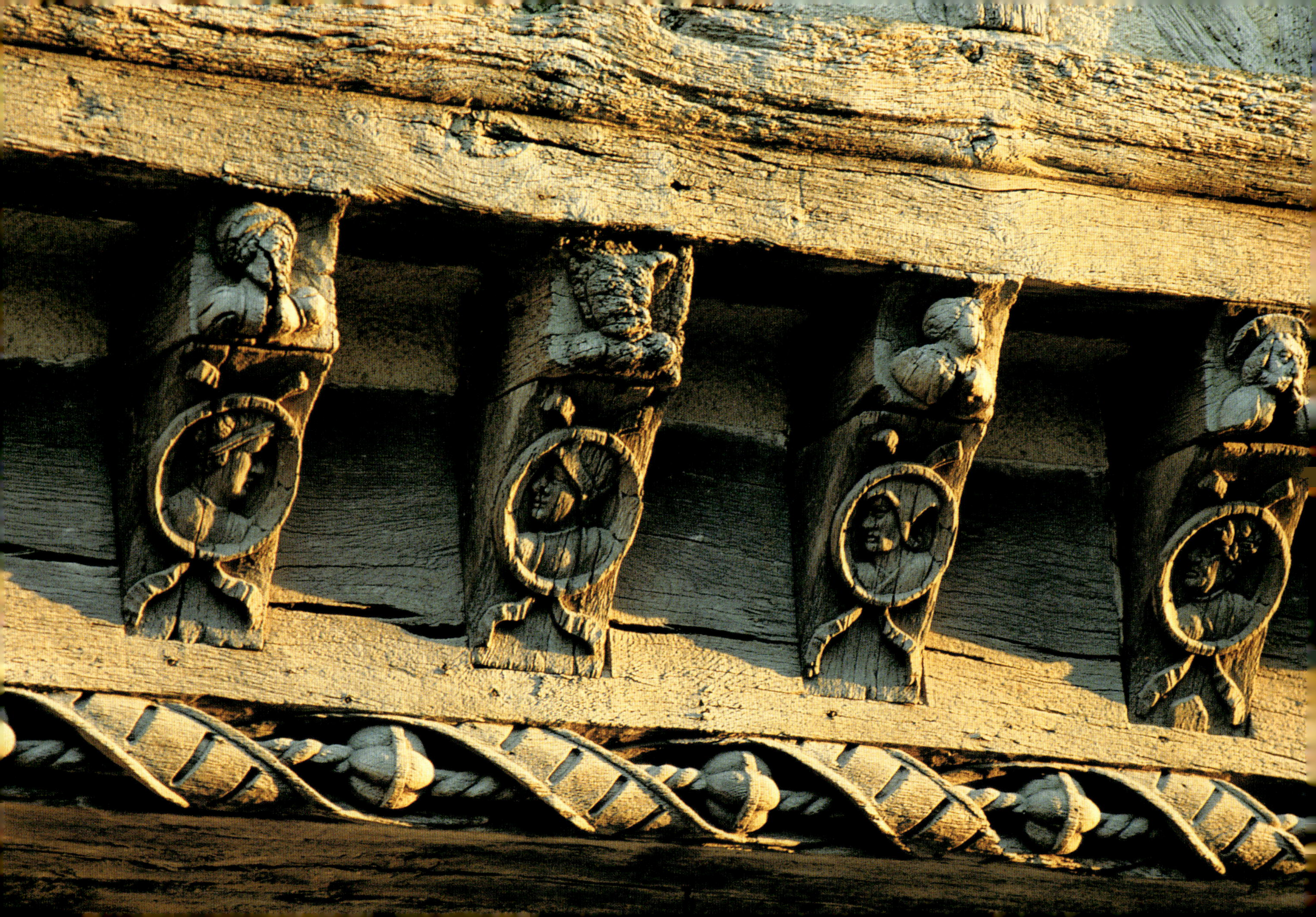

Châteaudun : éléments de décors sculptés ornant les vieilles maisons de la rue Saint-Lubin.

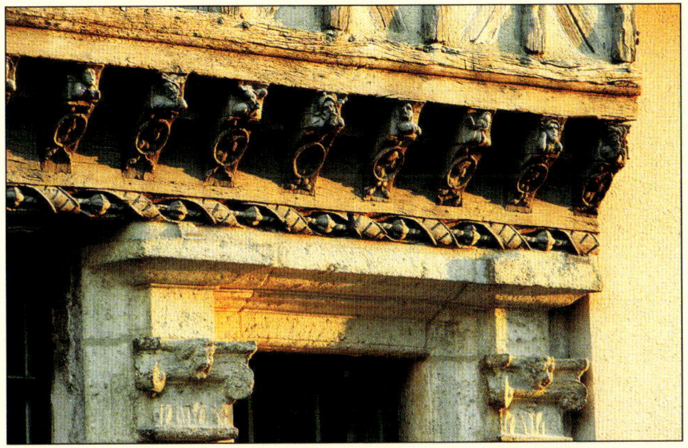

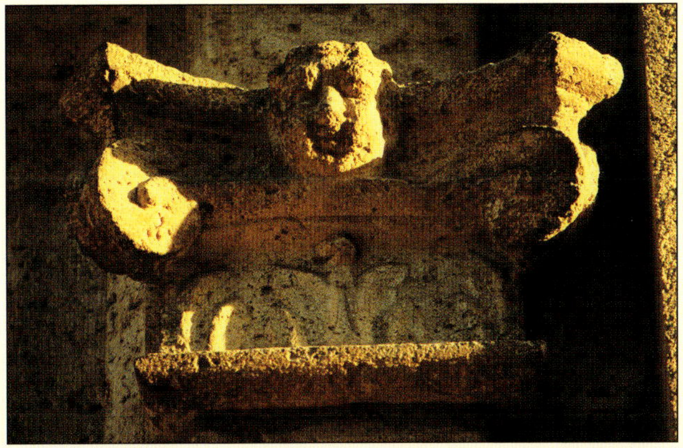

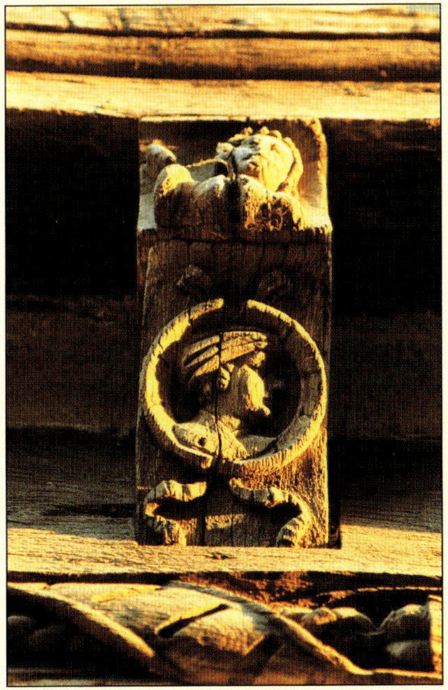

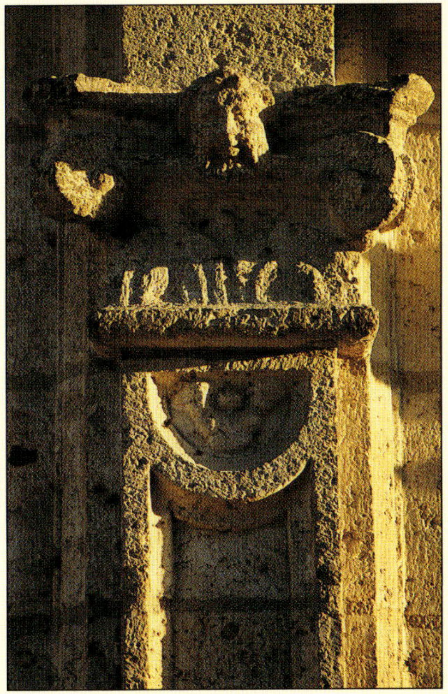

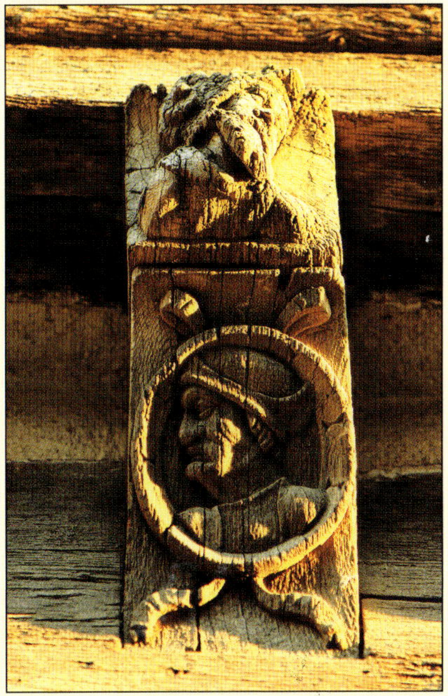

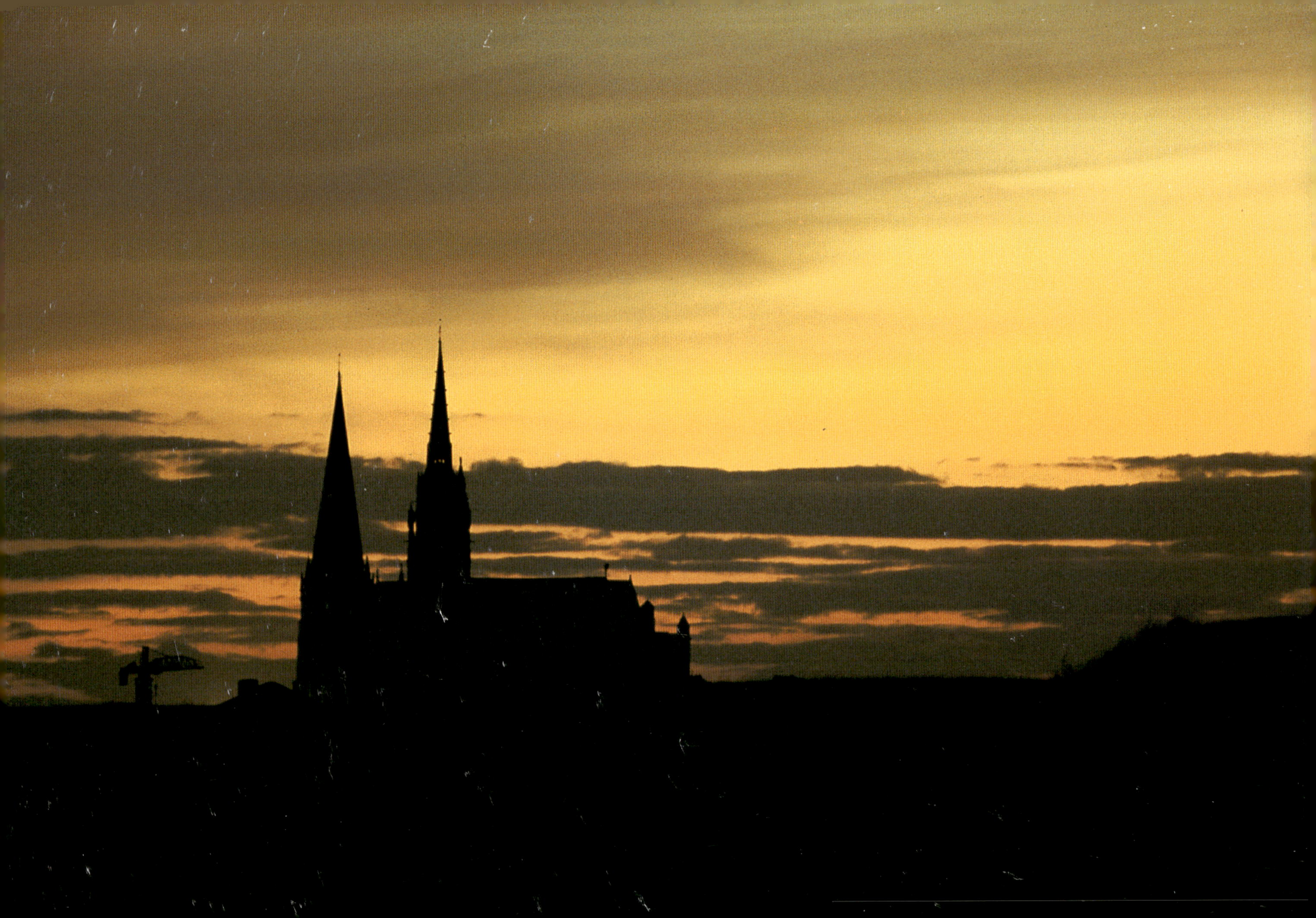